Édition : BoD – Books on Demand,
12/14 rond-point des Champs-Élysées, 75008 Paris.
Impression : BoD - Books on Demand, Norderstedt, Allemagne

ISBN : 9782322128013
Dépôt légal : Février 2019

Tel un fil d'Ariane, **"UN INSTINCT DE SUCCÈS"** vous guidera pas à pas afin de vous faire adopter la bonne attitude et l'état d'esprit indispensable à la réalisation de votre idéal de vie. L'enseignement transmis dans ce livre vous familiarisera à l'idée que la réussite est aussi possible pour vous et il vous dotera de l'instinct naturel qui vous mènera infailliblement à l'accomplissement de tous vos objectifs.

UN INSTINCT DE SUCCES

Je dédie ce livre qui me tient tant
à cœur à ma très chère épouse Alexandra
qui me tient davantage à cœur. Tu es un exemple
vivant de tolérance, de tendresse, de soutien inconditionnel
dans toutes mes expériences et aventures de vie.
Dieu sait que tu as été patiente avec moi.
Ta générosité n'a d'égale que
ta passion pour la vie.

UN INSTINCT DE SUCCÈS

10 principes essentiels pour développer un instinct naturel
De succès, de réussite, de bien-être et de leadership.
Découvrez le grand secret des âges !

Mac KAUKA

Pour vous seuls, vous qui cherchez à améliorer votre condition et obtenir de la vie ce qu'il y'a de meilleur, j'ai écrit cette œuvre. Scrutez-le, comprenez-le émotionnellement et intellectuellement, vivez-le, et recueillez-vous dans cette intention que j'y ai dispersée et placée en plusieurs endroits ; rattachez ensemble les principes, cogitez leur corrélation, et leur sens profond et éternel jaillira devant vous afin que votre sagesse puisse le comprendre. Ensuite, habitez-vous de cette intention, et votre condition, les circonstances de votre vie ainsi que sa qualité refléteront votre nouvelle façon de penser et votre nouvelle attitude.

« *Il existe une formule de l'accomplissement ou si vous voulez une science de la réussite. Oui, j'ai dit science et formule. Il existe une trame de pensées et de comportements, une certaine attitude qui une fois adoptée, mène irréfutablement à la réussite, au succès et au bien-être. Il est infaillible à l'instar des sciences exactes. Cette certaine attitude ne requiert ni grande instruction, ni intelligence particulière, elle ne réclame qu'application, diligence et concentration appropriée. La seule condition est de connaître les principes et de s'y conformer.* "UN INSTINCT DE SUCCÈS" *vous révèle enfin le secret des âges à travers ces* 10 règles d'or.*

Table des matières

PREFACE

« Les principes de l'accomplissement présentés dans ce livre reposent sur une vérité scientifique absolue. Ils révéleront les possibilités latentes de l'individu et lui enseignera comment les appliquer avec méthode pour accroître sa capacité réelle et lui apporter énergie, discernement, vigueur, bien-être, et élasticité mentale. Celui ou celle qui acquiert une compréhension réelle des lois ici révélées obtiendra sans l'ombre d'un doute des résultats insoupçonnés jusqu'ici, peu importe l'élément de sa vie qu'il veut améliorer »

Mac KAUKA

Ce livre est un condensé de toutes mes lectures, tous les séminaires auxquels j'ai assisté ainsi que des milliers d'heures de visionnage de vidéos et des années de recherches sur la thématique de la réussite, du développement personnel, du bien-être ainsi que de la connaissance de soi et des principes qui régissent les différents plans de la conscience. C'est le fruit d'une enquête rigoureusement menée auprès de centaines de personnes faisant autorité dans leur terrain d'activité mais aussi de plusieurs années d'expérimentation.

Autant dire un investissement sans relâche en temps et en ressources de toutes sortes. Pour tout vous dire, j'étais littéralement obsédé par ces recherches que je partage enfin avec vous à travers ces écrits. En effet, dès lors que nous prenons conscience de ces informations, nous ne pouvons-nous empêcher d'aller le partager avec qui veut prendre la peine de nous entendre et quelques fois d'ailleurs même auprès de ceux qui n'ont que faire de notre enseignement. Comme dirait l'autre, j'étais révolté de voir toute cette ignorance autour de moi, même de personne jouissant de toutes les facultés que nous pouvons appeler instruction et intelligence. Car bien entendu, aussi fou que cela puisse vous paraître, l'enseignement conventionnel nous forme sur tout sauf à l'école de la vie d'où toutes ces âmes perdues en quête de sens à donner à leur existence.

De ce fait, je veux ce manuscrit concis, pratique et pragmatique et surtout applicable et accessible à toute personne cherchant à s'accomplir et à devenir la meilleure version de soi peu importe ce que cette notion d'accomplissement signifie pour elle. Car en effet, nous vivons pour combler soit des besoins matériels, soit des besoins intellectuels, des besoins spirituels ou des besoins charnels ou les quatre selon notre degré de développement spirituel. J'ai ôté cependant toute connotation métaphysique, philosophique, psychologique ou religieuse pour me borner qu'à l'aspect pragmatique.

Pour toute personne souhaitant approfondir les notions que nous allons aborder sous l'angle des sciences précitées, un nombre incalculable d'écrits existe depuis la nuit des temps, je vous renvoie alors vers ces auteurs spécialisés. Quant aux personnes qui n'ont ni le temps, ni l'envie encore moins l'intention de s'adonner à des études nouvelles, je vous suggère fortement de vous accrocher à ce livre comme si votre vie en dépendait car dans un certain sens c'est le cas et de continuer sa lecture jusqu'à la dernière page.

Je profite de ces lignes qui suivent, pour mettre deux ou trois choses au clair. J'écris ce livre sans aucune prétention particulière en tout cas autre que de partager ce qui me semble être une connaissance capitale pour qui veut avancer dans la vie sur une route dégagée menant au sommet de ce que l'homme peut espérer de meilleure dans son existence. C'est peut-être aussi l'occasion de vous annoncer que je ne revendique aucune reconnaissance ni aucune authenticité car toute la science ici traitée, ne sera que répétition de connaissances séculaires que certains appellent « secrets ». Mais mon cœur se gonfle de gratitude profonde à l'idée de partager ces informations qui aussi certainement qu'une boussole, vous mèneront à bon port si vous suivez consciencieusement cette feuille de route que nous vous présentons.

A votre tour, n'hésitez pas d'aller partager cette science nouvellement acquise. Allez la diffuser partout où se trouve le désespoir, partout où sévit la peur, partout où l'inquiétude a pris le dessus et que la souffrance aveugle l'homme et amoindri sa perception quant à la place qu'il occupe sur l'échelle de la création divine. Car nous avons en effet été créé à l'image de notre créateur ce qui fait de nous des créateurs en puissance qui vivons juste une confusion passagère.

Autre chose pour ma décharge. Je ne suis ni écrivain, ni philosophe, ni mathématicien encore moins physicien ou psychologue bien que toutes ces sciences me passionnent. Je dirais que je suis un adepte du développement personnel et du potentiel humain mais surtout un inconditionnel optimiste qui croit que l'âge d'or dont on nous a tant parlé est enfin arrivé pour les humains et que nous devons reprendre notre place sur le piédestal de la création avec tout notre potentiel latent. Je vous passerais alors les métaphores et syntaxes compliquées, chutes, intrigues et autres constructions d'ordre technique. Comme dirait l'autre, j'irais droit au but. Laissez-moi aussi vous dire que ce livre n'a pas été écrit simplement pour être lu mais pour être expérimenté. Vous pouvez vous instruire en lisant ce livre. Mais pour l'expérimenter vous devez décider immédiatement de mettre en application les idées proposées ici. S'instruire est passif tandis que l'expérience est dynamique. Lorsque vous " expérimentez ", quelque chose se passe dans votre système nerveux et dans votre cerveau. Votre matière grise enregistre de nouveaux " engrammes " et des " circuits neuroniques ".

Enfin pour conclure cette introduction, je vous évite à travers ce livre, le long processus qui précède souvent l'acquisition de ces notions. Très souvent c'est un long chemin parsemé de difficultés ou chaque réponse amène avec elle une multitude de questions qui provoquent par la suite scepticisme, incompréhension, rejet, et surtout une chute de tous nos repères d'avant ce qui est un processus non seulement naturel mais nécessaire quand on cherche la connaissance. Aussi, ne sachant pas ce que nous ne savons pas, nous ne pouvons aucunement aller le chercher et c'est le premier niveau de connaissance que d'être conscient de ce que nous ignorons. Intégrez bien les plans d'actions qui suivent les principes et n'hésitez pas à les personnaliser. Aussi, faites bien les exercices consciencieusement car il y'a bien une raison de leurs présences.

AVANT PROPOS

Chers amis,

Le livre que vous tenez entre les mains contient littéralement tout ce dont vous avez besoin pour vous hisser au sommet. Lisez-le consciencieusement encore et encore et avec une ouverture d'esprit. Comprenez-le aussi bien intellectuellement qu'émotionnellement. Quand les oreilles de l'élève sont prêtes à entendre, c'est alors que viennent les lèvres du professeur pour y déposer la sagesse. Et quand l'élève est prêt à recevoir la vérité, c'est alors que lui parvient ce petit livre. Telle est la loi. C'est le principe de la cause à effet sous son aspect de la loi de l'attraction. Je suis tout simplement en train de vous dire que vous n'avez pas ce livre entre les mains par hasard, et que l'heure était venue pour vous d'attirer les connaissances ici révélées. A vous de jouer maintenant. Posséder le savoir, si on ne l'exprime pas, est une chose vaine. Le seul but de la connaissance est de servir son détenteur à une utilisation pratique et pragmatique, car Le savoir c'est comme la santé, il est destiné à servir.

Plus qu'un ouvrage sur la façon de se perfectionner, "**UN INSTINCT DE SUCCÈS**" vous offre un traité complet de réussite personnelle. Il vous enseignera comment vous pénétrer de l'idée que la réussite est accessible, il vous dotera de l'attitude adéquate et vous fournira un plan détaillé pour parvenir à vos objectifs. Cependant, pour utiliser encore une fois de plus les principes de ce livre à votre avantage, faites-en une manière habituelle d'être, une philosophie de vie et pas seulement une attitude ponctuelle.

Chaque principe de ce livre peut faire à lui tout seul l'objet d'un livre. Ainsi dans ce seul ouvrage, vous avez le condensé de l'équivalent de dix livres. Par son enseignement et ses exemples, il tente de prouver que nul n'est voué à l'échec et que chacun peut, au contraire atteindre la paix intérieure, jouir d'une sérénité, d'un bien-être et surtout d'une énergie débordante. Il montre que la vie peut être remplie de joie et de satisfactions. Je vous mettrais à la fin, mes différentes sources, pour ceux et celles qui souhaitent approfondir le sujet. Mais comme annoncé au début de l'avant-propos, il ne vous en faut pas davantage pour venir à bout de n'importe quel obstacle que la vie mettra sur votre chemin. Je l'ai conçu de telle sorte que les idées soient présentées dans leur suite logique. Je vous ai glissé aussi des annexes pour que vous avanciez avec sérénité et sang-froid avec la conviction certaine que la victoire est déjà vôtre. Une réussite sans sérénité et bien être est vaine, alors complétez la transformation de votre attitude par l'intégration des éléments proposés dans les annexes.

Chers lecteurs, donnons-nous à présent rendez-vous au premier chapitre pour ainsi débuter notre ascension vers le sommet.

PRINCIPE N° 1 : LE SUCCES VIENT PAR LA PENSEE ET PAR L'ATTITUDE

« Certains hommes semblent attirer le succès, le pouvoir, la richesse et l'accomplissement en faisant très peu d'efforts conscients. D'autres les conquièrent avec une grande difficulté. Et d'autres encore échouent tout simplement à atteindre leurs ambitions, leurs désirs et leurs idéaux. Pourquoi en est-il ainsi ? »

Charles F. HAANEL

Pourquoi certains hommes devraient-ils réaliser leurs ambitions facilement, d'autres avec difficultés et d'autres pas du tout ? La cause ne peut être physique, sinon les hommes les plus parfaits physiquement seraient plus prospères. La différence doit donc être mentale - autrement dit dans l'attitude. Il en résulte que l'attitude doit représenter la force créatrice. Elle doit constituer la seule différence entre les hommes. C'est l'attitude, donc, qui prévaut sur l'environnement, sur les conditions et sur tous les autres obstacles présents sur notre chemin. La plus grande découverte de notre temps est de comprendre et de réaliser que chacun d'entre nous a le pouvoir et le choix de changer sa vie en changeant sa façon de penser nous disait William James, philosophe et fondateur de la psychologie moderne.

Il existe donc une formule de l'accomplissement ou si vous voulez une science de la réussite. J'ai dit science et formule car à présent nous allons considérer qu'il existe une trame de pensées et de comportements, une certaine attitude qui une fois adoptée mène irréfutablement à la réussite et au succès. Il est infaillible à l'instar des sciences exactes. Cette certaine attitude ne requiert ni grande instruction ni intelligence particulière, elle ne réclame qu'application, diligence et concentration appropriée. La seule condition est de connaître les principes et de s'y conformer.

Qu'est-ce qu'un principe ?

Les principes sont des vérités fondamentales, universelles et profondes. Elles s'appliquent aux individus, aux familles, et aux divers groupes de la même manière, peu importe qu'on y adhère ou qu'on les comprenne elles restent vraies pour tous. Ces vérités ne tiennent compte ni de la race, ni de la culture, encore moins de l'origine de la personne. Nous ne pouvons non plus nous désabonner ou les mettre en pause. Lorsque nous nous mouvons sous l'impulsion de ces principes, nous nous harmonisons avec l'ordre naturel des choses, et de ce fait abordons les éléments de manière scientifique. Dès lors, nous avons deux possibilités. Eh oui ! Souvenez-vous du cadeau du libre arbitre. Nous pouvons soit décider en toute connaissance de cause de vivre dans le sens des principes ou tout bonnement d'aller à contre sens, cependant dans un cas tout comme dans l'autre, nous devons vivre avec la conséquence qui sera à la hauteur de notre ignorance ou alors de notre connaissance de ladite loi. Pour être franc, il existe une troisième possibilité, et c'est d'ailleurs dans celle-ci où se situe la majorité des gens. Il s'agit tout simplement de l'ignorance de l'existence de ces principes. Et dans ce cas, nous violons la loi en toute méconnaissance de son existence. La souffrance n'en reste pas néanmoins vraie et systématique. La vie finalement, c'est comme acheter un nouvel appareil dernier cri très sophistiqué mais dans notre précipitation, nous omettons de prendre avec nous le papier de notice. Tout ce qu'il faut pour monter et utiliser l'appareil est disponible pour nous, mais nous ne pourrons l'utiliser correctement que si nous retournons récupérer le fameux document. Vous aussi, vous ne pourrez avancer sereinement dans la vie avec la certitude de réussir, que lorsque vous vous familiariserez aux principes inhérents.

Avant de rentrer dans le vif du sujet, permettez-moi de définir avec vous les notions de réussite et de succès. Qu'est-ce que la réussite ? Qu'est-ce que le succès ?

Une enquête avait été menée auprès d'hommes et de femmes de classe moyenne pour expliquer le sens qu'ils donnaient à ces notions, 95% des interrogés n'ont pas su donner une définition pertinente et cohérente. Faites l'enquête autour de vous à votre tour et n'hésitez pas à commencer par vous-même. Deux raisons se démarquent parmi les autres. La première raison qui explique cette confusion dans l'explication est que la plupart des personnes projettent la réussite dans le futur, quelque chose qui risque de se passer dans un avenir lointain au mieux. Alors, si le succès est hypothétique dans un futur prochain, pourquoi en effet perdre son temps et son énergie à cogiter autour d'un concept se situant dans le domaine des rêves et des utopies ? A eux j'ai envie de dire que le futur n'arrivera jamais car nous vivons dans un éternel présent et que toutes choses dont nous espérons la réalisation doit avoir ses racines dans nos actions présentes. La deuxième raison pour laquelle la majorité n'a pas su définir ces termes, c'est qu'ils attribuent c'est notions aux autres. Les hommes et les femmes qui ont déjà réussi, ou qui sont sur le chemin de la réussite ou qui sont nés sous la bonne étoile. Là encore, pourquoi réfléchir sur des sujets qui ne nous regarde ni de près ni de loin se disent-ils.

Bien que j'aie promis d'enlever toute connotation scientifique, je ne peux m'empêcher d'aborder cette notion de physique quantique que je trouve plus que pertinent pour le sujet que nous développons en ce moment même. En physique quantique, les espaces ne sont pas vides. Elles sont en effet composées de particules élémentaires qui se distinguent par une particularité. Elles ne se manifestent que lorsqu'elles sont sous observations. Chaque fois que nous observons un champ quantique, les particules qui n'étaient alors que potentialités, prennent vie et entrent en existence. Autrement dit se manifestent. Chaque fois que nous cessons notre observation, elles disparaissent instantanément dans le vide et cesse d'exister et deviennent alors tout bonnement des probabilités mathématiques. Par métaphore, notre idéal existe déjà dans le champ de tous les possibles et n'attend que notre attention. Dès lors que nous émettons l'intention d'atteindre un idéal, il prend immédiatement vie et cherche à se manifester tel un fils prodigieux retournant à sa mère bien-aimée, et tout ce que nous aurons à faire sera de garder une intention ferme, soutenue par une attention constante et une concentration sans faille, et aucune force au monde ne pourra empêcher cette rencontre entre l'intention et son idéal. A contrario, dès que nous détournons notre attention de cet idéal, il cesse d'exister et est immédiatement relégué dans le domaine des potentialités dans le champ des possibilités quantiques.

Tout au long de ce livre, j'emploierais les mots " succès " et " réussite " ; aussi je crois qu'il est important que je définisse ces termes dès maintenant pour plus de commodité. A présent que nous savons que ne se manifeste dans notre vie que les choses sur lesquelles nous portons notre attention, définissons ces notions pour les ancrer dans notre esprit afin de provoquer leur existence par une observation scientifique. Tel que j'emploie le mot " succès " n'a rien à voir avec les idées de prestige, mais une réalisation créatrice. Strictement parlant, personne ne devrait s'efforcer d'être un succès, mais chacun devrait s'efforcer d'être " sa réussite ". En essayant d'être un succès en termes d'acquisition de symboles de prestige et de décoration on prend le chemin qui conduit vers la névrose, la frustration et le manque de bonheur. Lutter pour être sa " réussite " procure non seulement le succès matériel mais également satisfaction, plénitude et joie. Réussir, c'est donc la réalisation satisfaisante d'un idéal poursuivi. La tension créatrice vers un but qui est important pour vous car signifiant la somme de vos besoins vitaux, de vos aspirations, et de vos talents. Ne peut alors prétendre au succès quiconque ne s'est pas fixé de but au préalable. Autrement dit, savoir exactement l'idéal que nous voulons réaliser devient une condition sine qua non pour qui cherche à s'accomplir. L'homme est par nature un être qui tend vers un but. Et parce que l'homme est ainsi construit il n'est pas heureux sauf s'il adhère à cette signification : un être tendu vers un but. Retenez bien alors cette vérité et ancrez la dans votre esprit : Le point de départ de toute réussite c'est la combinaison d'un but bien défini et d'une attitude mentale positive. N'oubliez jamais ce principe ; interrogez-vous sur votre désir profond. Ainsi le vrai succès et le vrai bonheur non seulement vont ensemble mais chacun met en valeur l'autre.

En ce qui concerne l'attitude, nous pouvons dire qu'elle est le fruit de la pensée. La pensée gouverne le monde. La pensée gouverne chaque gouvernement, chaque banque, chaque industrie, chaque personne et elle se différencie de tout le reste simplement et uniquement du fait de la pensée. Chaque personne est ce qu'elle est du fait de son mode de pensée. Les hommes diffèrent les uns des autres uniquement parce qu'ils pensent différemment. Dès lors, il est d'une importance capitale de choisir la nature de ses pensées et n'oubliez pas que deux états mentaux ne peuvent pas coexister au même moment. En un mot, vous ne pouvez pas être positif et négatif en même temps. Notez que ces deux attitudes possèdent deux étranges pouvoirs : l'une en l'occurrence l'attitude mentale positive attire à lui succès, réussite, santé, bonheur et richesse et porte certains hommes au pinacle et les maintient au faîte des honneurs, tandis que l'attitude mentale négative les repousse avec une force égale et retient ses adeptes au bas de l'échelle sociale ou précipite leur chute.

Le monde de la pensée que j'appellerais le monde intérieur est le monde pratique dans lequel les hommes et les femmes de pouvoir engendrent les qualités de courage, d'enthousiasme, de confiance et de foi leur permettant d'avoir les compétences pratiques et l'élan nécessaire pour pouvoir réaliser leur vision. Tout pouvoir alors vient de l'intérieur et est absolument sous votre contrôle. Il vient à travers la connaissance exacte et l'exercice volontaire des principes exacts. Dans l'aspect pratique, chaque pensée met en action un tissu physique, une partie du cerveau, un nerf ou un muscle spécifique. Ceci produit un changement physique réel dans la construction du tissu. Ainsi, il suffit d'avoir quelques pensées sur un sujet donné pour engendrer un changement complet dans l'organisation physique d'un homme. C'est ce processus qui transforme l'échec en succès. Des pensées de courage, de pouvoir, d'inspiration, d'harmonie, de vitalité sont substituées aux pensées d'échec, de désespoir, de manque, de limitation et de désaccord. A mesure que ces pensées persistent, un nouvel individu apparaît et l'ancien disparaît réellement. Observez une personne qui change, il quittera son ancien environnement au profit d'un autre - qui reflète davantage son être émergent. Notre attitude conditionne notre environnement de tous les instants. Par elle, nous proclamons au monde qui nous pensons être et indiquons le genre de personne que nous avons décidé d'être ainsi que la mesure que nous demandons à la vie. En un mot, notre attitude vis-à-vis de la vie, déterminera l'attitude de la vie à notre égard. Comme le dit si bien l'adage, qui sème le vent, récolte la tempête.

Dès lors, apprenez à vous débarrasser de vos sentiments négatifs et à transformer votre frustration en motivation si vous voulez accomplir de grandes choses. La pensée positive que j'appellerais la pensée constructive, vous ouvre toutes sortes de porte car le seul moyen de réussir sur cette planète terre est d'interagir avec les humains. Et quand vous êtes positif et agréable, les gens ont envie de vous côtoyer. Alors, considérez-vous comme l'être le plus extraordinaire sans tomber dans la mégalomanie, et toute votre vie sera transformée. Oui vous m'avez bien lu, vous êtes l'être le plus extraordinaire puisque vous êtes acteur, réalisateur et spectateur de votre propre vie et le créateur de votre personnalité. Votre succès, votre santé, votre bien être et votre aisance dépendent exclusivement de votre attitude mentale prédominante. Une attitude mentale positive en toute circonstance est la seule bonne attitude à adopter. C'est quoi une attitude mentale positive ? La personne qui voit un verre à moitié plein tandis que son voisin le voit à moitié vide est très certainement une personne avec une attitude positive. Une telle personne à tendance à voir le bon côté des choses et de ce fait saisi toutes les opportunités qu'une personne négative aurait laissé échapper. Car une attitude mentale négative éloigne de vous tout ce qui peut contribuer à votre avancement. Reprenez les dix principes de ce livre, adoptez-les et votre attitude mentale ne pourra être que positive.

Une pensée claire et maîtrisée, une attitude dynamique et un but bien défini, voilà un bon départ. Nous savons que 95 personnes sur 100 se montrent insatisfaites de leur condition sans savoir pour autant ce qu'ils espèrent de la vie. Difficile d'entretenir une attitude positive dans pareil cas, car sans but à atteindre, ils ont tendance à être mécontents, insatisfaits, frustrés et toujours en lutte contre quelque chose. Alors que dès que vous pouvez mettre un nom sur votre but, vous mettez le train en marche et bien entendu les retombées sont aussi certaines qu'automatiques. Votre subconscient se met au travail, vous êtes automatiquement poussé sur la bonne voie et dans la bonne direction car vous connaissez votre direction. Et si vous faites bien les choses, le travail devient un plaisir car vous serez dans une occupation qui vous passionne. Et plus vous pensez à votre objectif, plus vous vous sentez enthousiaste et plus vous êtes enthousiaste plus vous transformez votre envie en désir ardent. Et en conséquence, vous êtes dans une bonne disposition pour reconnaître et saisir les opportunités qui se présentent à vous et qui vont dans le sens de votre objectif.

En tant qu'individu, lorsqu'on change ou qu'on s'améliore, son milieu et son environnement changent à leur tour pour s'accorder avec cette nouvelle évolution. Nous pouvons facilement voir ce qu'une entreprise apporte à la communauté en observant tout simplement ce que la communauté apporte à ladite entreprise. En comparaison, à quelques exceptions près, vous pouvez établir ce qu'une personne apporte à la communauté en évaluant ce que la communauté a apporté à cette personne. C'est cette liaison de cause à effet qui rend la pertinence de cette loi toute aussi fascinante qu'évidente. De ce fait, je vous suggère de prendre l'entière responsabilité par rapport à votre situation et de vous poser cette question : Quel est l'aspect de ma vie que je souhaite le plus changer ? Songez y. Le point de départ de tout changement est le moment où nous réalisons ce qui ne va pas et où l'on décide de modifier les principales convictions qui limitent notre conscience. Si votre comportement, votre attitude et vos actions vous ont mené ici, sachez que vous ne pourrez pas obtenir de meilleurs résultats sans changer de comportement. Car il est dit que les mêmes actions, produisent les mêmes effets. Changez alors la nature des actions et le changement des effets ne sera qu'une question de formalité.

LES POUVOIRS DE L'ATTITUDE

Pour le meilleur ou pour le pire, votre attitude affecte votre performance.

Votre attitude a un impact profond sur la façon dont vous interagissez les gens. Cela affecte votre façon de vendre et de servir vos clients. Votre attitude a un impact direct sur la façon dont vous communiquez et collaborez avec les autres, sur la manière dont vous contribuez à la culture de votre environnement de travail et sur la façon dont vous effectuez vos tâches et responsabilités quotidiennes. En fin de compte, votre attitude façonne votre succès et votre bonheur. Mais aussi votre échec et votre malheur. La personne avec la meilleure attitude gagnera toujours naturellement. Tandis que la personne avec une attitude négative peine à adhérer les personnes à sa cause. Malheureusement, beaucoup de gens se laissent affecter par les expériences pour ensuite adopter des attitudes limitantes et négatives en guise d'autodéfense plutôt que de construire une attitude gagnante. La réalité est que vous déterminez votre attitude. Votre attitude est l'une des rares choses de la vie sur laquelle vous avez un contrôle total. Williams James, psychologue à Harvard le dis si parfaitement dans cette déclaration : « La plus grande découverte de ma génération est de savoir qu'un être humain peut changer sa vie en modifiant ses attitudes. » Si vous voulez maximiser votre bonheur et votre épanouissement, vous devez prendre le contrôle du pouvoir décisif de votre attitude. Veuillez comprendre que : développer et maintenir une attitude positive n'est pas simplement une technique de motivation rapide. C'est une compétence disciplinée qui doit être pratiquée et apprise. C'est quoi une attitude d'ailleurs ? comment se manifeste-t-elle chez l'individu ?

L'attitude est la façon dont vous regardez la vie. C'est la façon dont vous choisissez de voir et de réagir aux événements, aux situations, aux personnes et à vous-même. Votre attitude n'est pas quelque chose qui vous arrive. Vous choisissez votre attitude. Votre attitude est créée par vos pensées et vous choisissez vos pensées. Vous êtes l'architecte de votre état d'esprit. Vous décidez comment vous allez percevoir et traiter les événements de la vie et du travail. Vous prenez la décision si votre état d'esprit est positif ou négatif. Si vous voulez vous sentir mieux, vous devez penser mieux. Pour être positif dans vos sentiments, il est nécessaire d'être discipliné dans votre façon de penser.

La performance commence en vous. Votre esprit a un pouvoir énorme. En effet, votre esprit est votre ressource de performance la plus importante. Votre façon de voir et de réagir aux événements de la vie et du travail est façonnée par votre état d'esprit et vos habitudes de pensée. Par conséquent, une clé essentielle du succès consiste à former votre esprit et à l'utiliser à bon escient.

Une caractéristique distinctive des personnes qui réussissent constamment est leur capacité à conserver une attitude positive et proactive. Les personnes qui réussissent pensent différemment des gens ordinaires. Les personnes qui réussissent produisent de meilleurs résultats parce que leur facteur R est guidé par un état d'esprit positif et proactif. Leur esprit n'est pas encombré ni distrait par le pessimisme, la négativité ou le cynisme ; En conséquence, ils sont capables de concentrer toute leur énergie mentale sur l'exploration de solutions, sur la prise de mesures efficaces et sur la manière de s'améliorer.

ATTITUDE NEGATIVE

Une attitude négative est le résultat d'une pensée négative. C'est un manque de discipline mentale. Il se concentre sur le problème et arrête de chercher des solutions ou des opportunités. Une attitude négative ne peut survivre que sur un régime constant de pensées négatives et de discours intérieur négatif. Une attitude négative crée une accoutumance et elle a un impact sur vous et les personnes qui vous entourent. Une attitude négative vous affecte physiquement. Une personne ayant une attitude négative perdra presque toujours face à une personne ayant une attitude positive. Malheureusement, beaucoup de personnes ayant une attitude négative sont coincées dans une boucle catastrophique parce qu'elles ont une attitude négative pour améliorer leur attitude. Ce n'est pas un bon endroit pour être !

ATTITUDE POSITIVE

Une attitude positive est le résultat d'une manière disciplinée et délibérée de voir, de penser et de réagir à la vie. C'est une discipline mentale. C'est intentionnel. C'est la ténacité mentale. Une attitude positive n'est pas naïve, car c'est un état d'esprit dynamique et intentionnel. Au contraire, il voit et reconnaît les problèmes, puis se concentre sur la recherche de solutions et d'opportunités. Il cherche l'occasion dans le problème. Une attitude positive crée des habitudes et a un impact sur vous et les personnes qui vous entourent. Une attitude positive vous affecte physiquement. Une personne ayant une attitude positive sera presque toujours plus performante qu'une personne ayant une attitude négative.

LA PRATIQUE D'UNE PENSEE DISCIPLINEE

Pour avoir une attitude positive et proactive, vous devez faire preuve de discipline et de réflexion sur votre façon de voir et de penser aux événements, aux situations, aux gens et à vous-même. Votre façon de penser influence votre sentiment. Par conséquent, gérer consciemment votre façon de percevoir et de traiter les événements est essentiel à une attitude positive.

Un élément clé de la discipline mentale consiste à prêter attention à votre discours intérieur et à le gérer. Le ton de soi est ce que vous vous dites à propos des situations auxquelles vous faites face. C'est comment vous choisissez d'interpréter et d'expliquer les événements que vous vivez.

La gestion de votre discours intérieur est essentielle car les mots sont porteurs de pensées et les pensées créent des sentiments.

Voici comment cela fonctionne : Votre attitude commence par ce sur quoi vous choisissez de vous concentrer et par les mots que vous utilisez pour exprimer votre concentration. Une personne ayant un état d'esprit négatif et axé sur les valeurs, par défaut se concentrera sur une situation et dira quelque chose comme : « C'est une idée stupide. Ça ne marchera jamais.

Une personne ayant un état d'esprit positif, axé sur la discipline, examinera la même situation et dira quelque chose du genre : « C'est une idée. Je ne sais pas si cela fonctionnera, mais examinons-le plus en détail et découvrons-le. » Notez bien la différence de langage entre ces deux mentalités.

La méthode de pensée par défaut utilise des expressions telles que « jamais » et « toujours ». La méthode de pensée disciplinée utilise un langage tel que « possible », « peut-être » et « explorer ». Parce que l'attitude réagit si immédiatement au langage, les mots négatifs déclenchent sentiments négatifs, et les mots positifs vont déclencher des sentiments positifs.

Votre façon de penser influence votre sentiment. Lorsque vous êtes confronté à une situation difficile ou frustrante, vous pouvez choisir de vous concentrer sur le problème, de vous lancer dans un dialogue intérieur négatif et de concentrer votre énergie émotionnelle sur les inquiétudes et les plaintes. Ou vous pouvez reconnaître ce qui est difficile, vous discipliner pour avoir une vue d'ensemble, engager un dialogue productif et concentrer votre énergie émotionnelle sur la recherche d'une solution ou sur la poursuite du défi.

Notez (cela est important) qu'une attitude positive n'ignore pas les problèmes. Il ne néglige pas les problèmes difficiles et ne néglige pas les défis. En fait, une attitude positive permet de mieux cerner la situation, car elle ne tient pas compte des aspects négatifs de la situation. Une attitude négative a tendance à être étroite, restrictive et rigide.

Une fois qu'une attitude négative trouve ce qu'elle cherche (ce qu'elle fait presque toujours), elle cesse de chercher et cesse de penser. Une attitude positive, en revanche, tend à donner plus de perspective et de compréhension, car elle reste pleinement engagée dans la recherche d'une solution.

QUELQUES REGLES SIMPLES POUR AMELIORER VOTRE ATTITUDE

- ➢ Commencez petit à petit et améliorez-vous chemin faisant
- ➢ Soyez conscient de votre attitude.
- ➢ Recentrez, recadrez et réagissez lorsque votre attitude devient impulsive ou négative.
- ➢ Soyez conscient des choses qui ont tendance à déclencher une attitude perturbatrice en vous.
- ➢ Gérez vos histoires et scénarios internes.
- ➢ Maîtrisez l'art de la conversation productive.
- ➢ Quand il y a un problème, reconnaissez-le. Ensuite concentrez-vous immédiatement sur la recherche de solutions.
- ➢ Éliminez impitoyablement le BPD de votre vie : les blâmes, les plaintes, et être sur la défensive.
- ➢ Investissez-en vous-même. Ne perdez pas votre temps à regarder la vie des autres.
- ➢ Commencez chaque journée par un temps de réflexion et de préparation.
- ➢ Soyez discipliné et intentionnel sur la façon dont vous commencez votre journée.
- ➢ Soyez patient. Il faut du temps pour développer une attitude gagnante.
- ➢ Gardez les choses en perspective.
- ➢ Ne perdez jamais de vue votre objectif.
- ➢ Dans quel aspect de votre vie pensez-vous devoir faire un ajustement d'attitude ?

Sachant ce que nous savons à ce niveau de lecture, nous pouvons alors dire que l'accomplissement n'est pas un hasard capricieux qui choisit ses victimes ou ses élus sans que nous ayons notre mot à dire, mais plutôt une conséquence dont la cause est la pensée comme nous l'avons évoqué plus haut et que la pensée conditionne l'attitude. La pensée est l'unique réalité. Les conditions ne sont que des manifestations extérieures, autrement dit des effets. Si la pensée change, toutes les conditions extérieures ou matérielles doivent changer pour être en harmonie avec leur créateur, qui est la pensée. Ce qui nous amène à notre prochain chapitre, la cause et l'effet. Mais avant cela, je vous soumets ce plan d'action pour dompter votre attitude. Il consiste en une liste de huit règles à suivre pour les 21 jours qui arrivent et ceci sans exception. Il y'a bien une bonne raison pour cette durée de 21 jours que j'exposerais plus tard.

PLAN D'ACTION

« *Trop de gens se laissent abattre par les problèmes de la vie quotidienne. Ils passent leur journée à lutter, à gémir, pleins de ressentiment contre le soi-disant mauvais sort qui les accable. Or le sort, s'il existe, peut être apprivoisé et même influencé si l'on sait adopter l'attitude appropriée et utiliser la bonne méthode.* »

NORMAN VINCENT PEALE

Laissez-moi vous suggérer un premier plan d'action que vous mettrez immédiatement en place pendant que vous continuez la lecture de ce livre. Comme je l'ai annoncé, il ne s'agit pas dans ce livre d'une démarche littéraire, mais plutôt d'un engagement ferme à réussir et obtenir de la vie toutes les choses pouvant contribuer à notre croissance et ceci avec une méthode infaillible. A quoi bon attendre alors si nous disposons déjà des premiers outils pour démarrer ?

Voici six éléments que vous pouvez déjà inclure dans votre routine quotidienne. Si vous respectez à la lettre le processus, vous sentirez déjà une grosse différence et ça ne sera qu'un début. Sur votre agenda ou sur un calendrier notez avec une croix chaque jour que vous passez à pratiquer ce plan d'action. De ce fait, au bout de 21 jours vous saurez que vous avez accompli votre première mission. Et croyez-moi, si vous faites bien votre boulot, vous aurez déjà perdu en cours de chemin une partie de la personne que vous étiez en commençant ce processus de croissance.

1) Dans un premier temps, fixez-vous dans votre esprit une bonne fois pour toute que la réussite est possible pour vous. Toutefois vous devez être maître de vos pensées et de votre Attitude. Déclarez-vous quotidiennement et plusieurs fois par jour cette vérité s'il le faut devant un miroir en vous regardant droit dans les yeux. Il faut que vous l'acceptiez entièrement et définitivement.

2) Quand une pensée négative vous traverse l'esprit, opposez-lui immédiatement et volontairement une idée positive. Chantez votre titre préféré, regardez votre série préférée, faites-vous des déclarations positives mais n'entretenez surtout pas cette idée qui vous sape votre morale et vous éloigne de votre idéal.

3) Faites-vous une image mentale de votre réussite et ne vous censurez surtout pas. Imprimez-la de manière indélébile dans votre esprit. Que cette image ne palisse jamais. Revisitez-la autant de fois que possible dans la journée. Il faut qu'elle nourrisse constamment votre esprit qui cherchera à son tour à la développer. Ne doutez jamais de cette image mentale et surtout ne pensez jamais à vous comme à un vaincu. Si ça peut vous réconforter, vous pouvez toujours revenir à votre ancien schéma de pensée à l'issue de ces vingt et un jour si vous n'êtes pas convaincu de la pertinence de ces règles.

4) N'édifiez pas d'obstacles imaginaires et minimisez autant que possible les prétendues difficultés rencontrées. Analysez-les froidement et traitez-les judicieusement. Vous en viendrez à bout d'une manière ou d'une autre. Si vous adoptez une attitude de gagnant, aucun obstacle aussi

ardu soit-il ne peut vous tenir tête. Nous verrons plus tard pourquoi.

5) N'essayez d'imiter qui que soit. Car comme dirait Ralph Waldo Emerson, si votre vie consiste à imiter les autres, vous vous dépouillez par la même occasion de tout ce que vous êtes. Personne ne peut vous surpasser. Très souvent d'ailleurs, la plupart des gens, malgré leur apparence, sont aussi effrayés que vous. Décidez d'être authentique avec votre personnalité unique, vos avis uniques et votre propre vision. Ensuite regardez combien les gens vont admirez votre changement et combien votre charisme va grimper. Je vais développer en profondeur cette technique au chapitre du cinquième principe.

6) Recherchez cependant la compagnie de personnes positives, dynamiques et inspirantes. Si dans votre entourage, vous n'avez pas ce type de profil d'individu, prenez des personnalités célèbres qui vous inspirent. Vous pouvez aussi les trouver à travers les livres, les tutoriels, les blogs, le mentoring et également sur YouTube, une infinité de sources d'inspirations existent un peu partout. Vous pouvez également assister à des séminaires, des conférences ou tout simplement du coaching pour vous bâtir une architecture motivationnelle.

7) Faites une estimation honnête de vos forces et faiblesses, puis comme en règle générale nous avons tous tendance à nous sous-estimer, accordez-vous 10p. 100 supplémentaires. Ensuite, sans tomber dans le culte du moi, cultivez le respect de vous-même. Dopez votre confiance en vous par cette nouvelle attitude et clarté d'actions que vous êtes sur le point d'acquérir.

8) Faites chaque jour TOUT ce que vous pouvez faire ce jour-là. Evitez de réaliser aujourd'hui le travail du lendemain ni d'effectuer en un jour le travail d'une semaine. Sachez que ce n'est pas le nombre d'actions effectuées qui compte mais, L'EFFICACITÉ de chaque action séparée. Chaque acte en soi est un succès ou un échec. Chaque acte en soi est efficace ou inefficace. Ici, le but est de poser le maximum d'actes efficaces, car si vous passez votre vie à poser des actes efficaces, votre vie entière sera une réussite. Le contraire est aussi vrai. Ceci doit être mathématiquement vrai.

A présent passons au deuxième principe afin de réitérer notre déclaration qui veut que nous soyons à l'origine de notre condition et des circonstances de notre vie et que plus nous maîtrisons notre mode de pensée, plus nous serons en harmonie avec nos aspirations profondes. Au passage, je compte beaucoup sur vous pour suivre consciencieusement ce plan d'action proposé et ceci pendant 21 jours.

PRINCIPE N° 2 : TOUS LES CHANGEMENTS ARRIVENT SUIVANT LA LOI DE LIAISON DE CAUSE A EFFET

« Toute cause a son Effet ; tout Effet à sa cause ; tout arrive conformément selon une loi naturelle ; la Chance n'est qu'un nom donné à la loi méconnue ; il y'a certes de nombreux plans de causalité, mais rien n'échappe à la loi. »

Le KYBALION

Cette leçon explore la relation entre la cause et l'effet et vous explique les critères permettant d'établir une relation de cause à effet, la différence entre corrélation et causalité pour que d'une manière générale vous puissiez vous projeter à travers vos actions pour déterminer des résultats voulus. Pensez au moment où vous vous êtes réveillé aujourd'hui. Selon toute vraisemblance, vous avez probablement été réveillé au son du réveil. Le son de l'alarme était alors la cause. Sans l'alarme, vous auriez probablement dormi plus longtemps. Dans ce scénario, l'alarme a eu pour effet de vous réveiller à une certaine heure. C'est ce que nous entendons par cause et effet.

Il existe donc une cause pour tout Effet produit et un Effet pour toute cause. Et tout dans la vie arrive conformément à cet énoncé. Maîtrisez la cause vous maîtriserez l'effet. Vous n'espérez certainement pas récolter des cacahuètes après avoir semer des navets. Rien donc ne peut arriver dans la vie de manière fortuite car d'après ce même principe le hasard n'existe pas seulement des synchronicités selon le psychologue Carl Jung. Lorsque cette loi est correctement comprise, nous découvrons que la vie repose sur des principes que quiconque viole se met en dysharmonie avec la loi naturelle, et la souffrance est la seule conséquence possible. Ici il serait intéressant de savoir quel état est supérieur à la cause ou alors déclencheur de cette dernière. Nous l'appellerons pour plus de commodité "la cause première". "James Allen nous dit que l'homme est Esprit, et toujours il saisit l'outil de la pensée et, modelant ce qu'il veut, il produit des collines. Il pense en secret et cela advient. L'environnement n'est que son miroir". Nous avons dit plus haut que la seule différence entre les hommes quant à leurs réalisations, leurs circonstances et leurs conditions ne pouvait être que mental et nous avions conclu que l'aspect visible du mental se reflétait dans l'attitude. Alors, la cause première ne peut de ce fait se situer qu'au niveau de la pensée autrement dit, l'état mental entretenu et nous en revenons à l'attitude mentale, terme que nous retiendrons pour la suite de notre exposé. Ici, la question qui mérite d'être posée est comment la nature de notre attitude mentale dominante parvient -elle à créer les conditions et circonstances de notre vie ? Ensuite il sera impératif d'adopter une attitude mentale de la même nature que la condition que nous cherchons à manifester et nous rentrons dans le domaine de la fameuse loi d'attraction dont on nous a tant parlé.

La pensée est créatrice et les conditions, l'environnement et toutes les expériences de la vie résultent de notre habitude mentale habituelle ou prédominante. Par conséquent, le secret de tout pouvoir, de tout accomplissement ou condition et de toute possession dépend de notre mode de pensée.

En effet, nous devons "être" avant de "faire", et nous ne pouvons "faire" que dans la mesure où nous "sommes", et ce que nous "sommes" dépend de la nature de notre attitude mentale. Nous ne pouvons exprimer des qualités que nous ne possédons pas. La seule manière d'engendrer la possession d'une qualité, c'est de devenir conscients de cette qualité. Et pour devenir conscients de cette qualité, nous devons apprendre que toute qualité vient de l'intérieur ou si vous voulez vient de l'univers mental. Oui, il y'a un monde mental - un monde de pensée, de sentiment et de pouvoir, de lumière de vie et de beauté. Bien qu'invisible, ses forces sont puissantes et régissent notre existence entière.

Comme la nature nous contraint tous à avancer dans la vie, nous ne pourrions être stationnaires même si nous le voulions. Toute personne sensée ne veut pas seulement avancer dans la vie tel un aveugle larguer dans un champ de mine mais veut avancer et se développer - s'améliorer et continuer à se développer jusqu'à la fin de sa vie. Nous devons donc décider de l'attitude mentale à adopter tout en prenant l'entière responsabilité des conséquences positives ou négatives produite par cette attitude. Autrement dit choisir entre une attitude mentale positive ou une attitude mentale négative. J'insisterais un peu plus sur ces deux états mentaux aux chapitres prochains.

COMPRENDRE LA LOI DE CAUSE A EFFET

La loi universelle de la cause à effet stipule que pour chaque effet, il y a une cause définie, tout comme pour toute cause, il y a un effet défini. Vos pensées, comportements et actions créent des effets spécifiques qui se manifestent et créent votre vie telle que vous la connaissez. Si vous n'êtes pas satisfait des effets que vous avez créés, vous devez alors changer les causes qui les ont créés.

Changez vos actions et vous changez votre vie… Transformez vos pensées et vous allez créer un tout nouveau destin.

Ce deuxième principe portera sur la loi immuable de cause à effet et tentera de la représenter de manière à nous permettre de tirer parti de ses principes et de les utiliser pour améliorer nos vies. Nous aborderons plus précisément le principe selon lequel la vie ne repose pas sur des accidents, ni sur un hasard, tout en examinant également la dynamique du libre choix : examiner comment nous choisissons consciemment et inconsciemment ce que nous vivons et ressentons au quotidien. Pour conclure notre discussion, nous énumérerons plusieurs questions d'analyse transformationnelle qui peuvent nous aider à tirer parti de cette loi universelle.

Le principe général du karma des bouddhistes illustre bien la simultanéité de la cause et de l'effet. Leur enseignement veut que la loi de la cause et de l'effet sous-tende le fonctionnement de toutes choses. Les pensées, paroles et actes positifs engendrent des effets positifs en faveur des personnes qui les accomplissent et leur procure bonheur et faveurs. Tandis les personnes entretenant des pensées négatives ou des actions répréhensibles contraire à la dignité de la vie, subissent malheur et difficultés. Le principe de causalité doit philosophiquement être vrai sur tous les plans. La causalité, c'est le rapport de cause à effet : par exemple, il y a causalité entre le ruissellement des eaux et la constitution des cours d'eau. C'est aussi un principe philosophique d'après lequel « tout phénomène a une cause et, dans les mêmes conditions, la même cause est suivie du même effet. » La cause est une notion, universelle, désignant ce qui produit l'effet, une force productive engendrant un effet et se prolongeant en lui.

Sans trop s'attarder dans des considérations philosophiques, savoir et comprendre comment fonctionne le monde et les principes qui régissent l'univers est l'une des choses les plus puissantes qu'une personne puisse apprendre. Car alors, nous avançons avec certitude d'être en harmonie avec la loi. C'est cette même certitude qui poussa Isaac Newton à déclarer cette vérité éternelle qui dit que chaque action appelle une réaction égale et opposée. L'homme évolue, alors, par action et réaction à son environnement – ce qui crée l'Évolution, plus précisément la *coévolution* justement. Cette vision de la réalité aura envahi tout le territoire de l'humain : avec des évidences trop largement oubliées aujourd'hui – soit que tout ce que nous faisons à des conséquences. Des séquences de conséquences très visiblement. La Pensée qui est mère de toutes les actions déclenche *une force* qui agira en conséquence. De ce fait, ce retour de forces ou d'actions peut être changé ! Nous ne sommes pas assujettis à la mécanique des étoiles. Nous pouvons changer les causes donc les effets. Ce que notre société refuse par pur méconnaissance des lois. Tout y semble figé, immobilisé, bloqué depuis des décennies. Einstein ne disait - il pas que la folie consiste à faire la même chose encore et encore et attendre des résultats différents. Les mêmes actions produisent les mêmes réactions autrement dit les mêmes résultats. Donc si notre condition et les circonstances de notre vie ne nous conviennent plus, changeons tout simplement notre attitude pour voir notre réalité s'harmoniser avec notre nouvel état d'esprit.

Pour parler de manière plus pragmatique, vous ne pouvez pas espérer manifester une vie d'abondance et de bien-être alors que vous ne cessez de saturer votre esprit par des pensées de limitation et de mal-être. Maintenant que vous savez que la liaison de cause à effet est la loi suprême qui gouverne notre vie entière. Vous pouvez délibérément choisir les effets de votre vie en choisissant des pensées et des actions de même nature que votre réalité préférée. Focalisez-vous sur vos émotions. Considérez-les comme un thermomètre, si vous vous sentez morose, craintif, abattu, considérez que vous vous penchez du mauvais côté. Alors avec la force de votre volonté, retravaillez vos émotions jusqu'à ce que vous vous sentiez mieux à nouveau. Faites le bilan de toutes vos actions dont vous êtes persuadé qu'elles jouent contre vous, et changez les contres d'autres susceptibles d'engendrer des effets positifs. En conclusion, si vous regardez le tableau de votre vie aujourd'hui, considérez que tout ce qu'il contient est le résultat de votre mode de pensée s'étant cristallisé dans les actions que vous avez menées, si le tableau ne vous convient pas, retournez dans votre monde intérieur, changez le Canvas et observez vos actions nouvelles changer pour s'harmoniser avec vos nouvelles aspirations. C'est aussi simple que cela.

Les lois naturelles sous lesquelles nous vivons telle que la cause et l'effet sont conçues uniquement à notre avantage. Elles sont universelles, et nous ne pouvons échapper à leur opération. Les difficultés, les disharmonies, les obstacles et les échecs indiquent que nous avançons à contre sens. Alors tout ce que nous avons à faire est de nous mettre en harmonie avec le principe car nous recevons uniquement à la mesure de ce que nous donnons.

Plus nous savons ce que nous voulons, plus nous saurons reconnaîtrons sa présence et en conséquence nous pourrons l'attirer et l'absorber pour notre croissance. Nous ne récoltons rien que nous n'ayons semé encore moins des résultats de nature opposée à leurs causes.

Le désir de croître est naturel chez tout être humain, c'est même un devoir. C'est tout simplement la capacité d'une vie plus épanouie qui cherche à s'accomplir. Chaque désir est littéralement une possibilité non exprimée qui tente d'entrer en action. Ce qui vous pousse à vouloir grandir, c'est ce qui pousse l'enfant à avancer sur le ventre, puis à quatre pattes pour enfin se tenir sur ses deux jambes et marcher. C'est ce même désir qui fait pousser la plante. C'est votre nature intrinsèque. C'est la vie.

LA LOI DE L'ATTRACTION

Nous ne discuterons pas spécifiquement la loi de l'attraction ici. Cependant, la loi de cause à effet et plusieurs autres lois sont en fait les causes qui entraînent les effets de la loi d'attraction. Cela signifie que si nous sommes d'abord en mesure de comprendre ces lois, cela nous aidera essentiellement à mieux utiliser la loi de l'attraction pour attirer ce que nous voulons le plus dans nos vies.

Si vous me connaissez un tout petit peu, vous saurez alors que je ne suis pas un grand fan de la loi de l'attraction. Je pense que la plupart des gens le considèrent à tort comme un raccourci vers le succès, car ils n'ont tout simplement pas compris la véritable signification de cette loi universelle.

Je n'entrerai pas dans les détails sur la manière de manifester ce que vous voulez dans votre vie, car ces principes ont déjà été abordés presque un peu partout. La discussion qui suit se concentrera plutôt sur la loi de cause à effet, qui est la cause qui entraîne les effets de la loi d'attraction.

La loi de cause à effet stipule que :

> ➢ Chaque effet a une cause spécifique et prévisible.

> ➢ Chaque cause ou action a un effet spécifique et prévisible.

Le succès dans n'importe quel domaine d'activité est le résultat direct de causes et d'actions spécifiques. Cela signifie que tout ce que nous avons actuellement dans notre vie est un effet résultant d'une cause spécifique.

Ces causes sont les décisions que nous prenons et les actions que nous prenons quotidiennement. Que nos décisions semblent petites et plutôt insignifiantes, ou qu'elles soient significatives et de nature transformationnelle, importe peu. Chacune des décisions que nous avons prises et des mesures que nous avons prises a déclenché des événements qui ont créé des effets prévisibles et spécifiques que nous vivons maintenant dans notre vie. Cela signifie fondamentalement que la réussite dans n'importe quel domaine d'activité est prévisible et qu'elle peut être répétée si nous sommes conscients de ce que nous faisons. Ce qui signifie essentiellement que si vous prenez les bonnes décisions et prenez les bonnes actions, vous obtiendrez sans aucun doute le succès que vous envisagez pour votre vie - que vous en soyez directement conscient ou non.

En conséquence, la loi de cause à effet met en lumière l'idée que le succès peut être modélisé une fois que nous sommes conscients de ce que nous voulons. Tout ce que nous devons faire est de savoir ce que font les personnes qui ont du succès, et nous serons en mesure de faire ce qu'elles font pour réussir dans leur vie.

Cependant, découvrir ce que font les gens n'est que le début. Nous devons également identifier et étudier leurs :

- Décisions
- Habitudes
- Croyances
- Valeurs
- Émotions
- Méta-programmes
- Règles psychologiques
- Comportements
- Actes

Tout ce qui vous pose problèmes, tout ce que vous cherchez à réaliser, tout ce que vous voulez entreprendre, quelqu'un la déjà réalisé. A défaut de pouvoir mettre la main sur les détails précités, les livres, le coaching et les conférences représentent un bon moyen pour découvrir comment ont fait ceux qui ont réussi si c'est après le succès que vous courez. Cela signifie essentiellement que nous devons étudier intimement ces personnes qui réussissent dans leur attitude personnelle. Et ce n'est que lorsque nous aurons identifié leur situation dans tous ces domaines que nous pourrons alors tirer parti de la loi de cause à effet pour nous aider à obtenir des résultats et des succès similaires dans nos propres vies.

IL N'YA PAS D'ACCIDENT

Notez bien s'il vous plait ces trois déclarations qui suivent car elles sont d'une importance capitale :

➢ Le succès ne repose pas sur le hasard ou la chance.

➢ Le succès n'est pas déterminé en dehors de vous.

➢ Le succès est créé en vous.

En bref, la loi stipule qu'il n'y a pas d'accident dans ce monde et que les effets que nous créons dans nos vies résultent directement de causes qui viennent de nous-mêmes. Ce que vous êtes aujourd'hui et ce que vous devenez demain, crée essentiellement les conditions et circonstances de votre vie et manifeste votre avenir sous vos yeux. En fait, la façon dont vous réagissez aux événements, aux personnes et aux circonstances de votre vie est déterminée par ce que vous ressentez au quotidien car elle crée une chaîne d'effets qui transforme constamment votre destin de nouveau.

Et nous en revenons à la part de la pensée et à son importance dans votre vie entière. Comprendre votre pouvoir créateur par le truchement de la pensée est le meilleur cadeau que vous puissiez vous faire car :

➢ Vos pensées créent des causes.

➢ Vos pensées donnent un sens aux circonstances.

➢ Vos pensées manifestent de manière créative votre réalité.

➢ Votre expérience de vie est le reflet de manifestations de la pensée.

Dans les germes de pensées individuelles, se trouvent les origines des causes que nous manifestons dans notre réalité. Ces causes créent des effets que nous ressentons dans notre vie comme des circonstances de vie manifestées. En fait, nos pensées font plus que cela. Ils donnent en réalité un sens à notre expérience de la réalité, ce qui explique pourquoi chacun de nous a une perspective différente du monde qui nous entoure.

VOUS AVEZ TOUJOURS LE LIBRE CHOIX

La seule chose qui est complètement sous notre contrôle dans ce monde est notre pouvoir conscient sur nos processus de pensée. Nous choisissons comment interpréter nos expériences. Nous choisissons de vivre des émotions à la fois consciemment et inconsciemment à tout moment. Nous choisissons de nous comporter conformément à notre façon de penser le monde, les autres, les événements et nous-mêmes.

Parce que nous avons le libre choix de contrôler nos processus de pensée à tout moment, et puisque nos pensées créent les causes qui produisent les effets que nous ressentons dans nos vies, nous en venons donc à la conclusion que nous avons librement choisi de faire l'expérience. La vie telle que nous la connaissons, que nous en soyons conscients ou non. Nous vivons la vie telle que nous la connaissons à cause des schémas psychologiques appris et conditionnés que nous avons préprogrammés dans notre esprit au cours d'une vie de choix. De plus, cette programmation psychologique filtre notre expérience de la réalité d'une manière très biaisée, mais très prévisible - créant et interprétant efficacement notre existence sous nos yeux. Le libre choix signifie qu'il n'est jamais trop tard pour redresser la situation.

Peu importe la gravité de nos circonstances, la noirceur de notre situation ou notre malchance. Le libre choix signifie que nous pouvons faire un choix différent et choisir de désapprendre ce que nous avons appris et savoir ce qui sera nécessaire pour déclencher les causes qui créeront les effets que nous désirons vivre dans notre vie.

La loi de cause à effet nous a fourni plusieurs principes directeurs que nous pouvons maintenant utiliser pour créer un ensemble de questions d'analyse de transformation qui nous aideront à tirer parti de cette loi universelle au lieu de permettre à la loi de gouverner notre comportement inconsciemment. Les questions d'analyse transformationnelle suivantes vous aideront à clarifier votre vie et vos processus de pensée, vous permettant ainsi de trouver les réponses qui vous permettront d'atteindre le succès que vous souhaitez connaître dans votre vie : Cause et effet sont tout simplement un terme scientifique pour désigner la loi de l'attraction, également appelée semer et récolter, ou le karma. Comme toute loi universelle, il est extrêmement important de la comprendre si vous voulez apprendre à attirer l'abondance et le bonheur que vous désirez dans votre vie.

Comme toutes les autres lois universelles mises en place par la source de tout, la loi de cause à effet est immuable, inébranlable, délibérée et précise dans son application et son exécution. Comme toutes les autres lois universelles, elle ne connaît pas de préjugés et livre exactement ce qu'elle est, peu importe la croyance, l'âge, le sexe, l'origine ou la religion, en fonction des semences que vous choisissez de planter que nous appellerons cause. Contrairement aux lois créées par l'homme, la loi de cause à effet est incontournable et vous restitue les résultats de tout ce que vous donnez par la force de vos intentions, lesquelles ne dépendent que de l'action ou de l'inaction que vous choisissez de prendre ou non. Le moyen le plus simple de comprendre ce principe consiste à utiliser une analogie, telle que la croissance d'une plante. Comme toute vie sur terre, une graine (cause) doit d'abord exister pour que quoi que ce soit puisse entrer et expérimenter la vie (effet)

Prenons en guise d'exemple une graine de tournesol. Tout d'abord, la graine (cause) doit être plantée. Il est pris et placé dans le sol. Dans un laps de temps indéterminé, en raison de conditions variables telles que la qualité du sol, les conditions météorologiques, etc., la graine commence son processus de croissance en se détachant d'abord de sa couverture ou de sa coquille et se forme initialement en germination. Avec la nourriture appropriée (soleil et eau), le germe pénètre dans le sol et commence à pousser vers le soleil. (La source)

Finalement, la pousse traverse le sol dont elle est recouverte et commence à s'étendre grâce à la croissance de cellules supplémentaires dans le tronc, ce qui lui permet de croître en diamètre de manière à ce qu'elle ait la capacité de supporter son propre poids lorsqu'elle commence à grimper vers le haut. Au soleil. En très peu de temps, il a atteint sa pleine maturité et atteint une hauteur moyenne de 7 à 8 pieds.

Ce processus, évident pour la plupart, est la loi de cause à effet (semer et récolter) en action. Pas compliqué du tout, mais extrêmement simple dans sa conception, et aussi certain, exact, précis et méthodique que la loi de la gravité. En comprenant ce processus, nous pouvons affirmer sans risque de nous tromper que tout résultat ou effet devient prévisible, si nous en maitrisons les causes. La seule chose qui pourrait empêcher la graine de tournesol de se développer serait d'aller à contre sens de la loi de sa croissance. Puisque le processus décrit ci-dessus est certain, exact, précis, méthodique et prévisible, et ne changera ni ne variera, c'est le même principe qu''il s'agisse de la graine de tournesol décrite, un gland de chêne, les circonstances de votre vie ou une graine d'herbe produisant de petites touffes d'herbe bonnes ou mauvaises qui envahissent votre pelouse chaque année. La graine plantée ne peut que produire, et doit produire, le type de plante que la graine a été conçue à devenir, et doit évoluer dans ce sens, à condition qu'elle n'ait été privée du processus essentiel de croissance, dans le cas des plantes, le soleil et l'eau. Je vous vois d'ici vous demander quand est-ce va-t-il finir avec les plantes ? mais vous conviendrez avec moi que l'exemple était pertinent ou du moins je l'espère.

COMMENT UTILISER CETTE PRECISE LOI DE CAUSE A EFFET POUR VOUS APPORTER ABONDANCE ET BONHEUR ?

Maintenant que vous comprenez bien que tous les actes que vous accomplissez sont sujets à une réaction ou à un processus précis (cause et effet), vous pouvez alors choisir en toute connaissance de cause quelles pensées entretenir et quelles actions prendre (ou pas). Et les limiter à celles qui produiront ce que vous désirez voir se réaliser dans votre vie.

Alors, comment savez-vous quelles actions choisir ? Tout simplement, en choisissant uniquement les choses (pensées, mots et actions) qui sont en alignement avec tout ce que vous avez le désir d'attirer.

Par exemple, si vous essayez d'attirer une certaine somme d'argent dans un laps de temps déterminé, en vous basant sur les vérités précises et inébranlables de la cause et de l'effet (semer et récolter), vous ne voudrez pas vous répéter systématiquement non plus : à voix haute ou à travers votre processus de pensée interne, "je n'ai pas l'argent. Je n'ai pas l'argent." Ou, "Il n'y a aucun moyen que je puisse avoir cette somme d'argent dans ce laps de temps !!" Vos pensées (la graine) vous rendront exactement la récolte par rapport aux graines que vous avez plantées. Dans ce cas, ne pas avoir l'argent.

De même, vous avez la capacité et le choix de concentrer votre esprit de façon consciente et cohérente sur vos pensées, vos paroles et vos actions afin d'être en adéquation avec le fait d'avoir exactement la somme d'argent que vous souhaitez, ce qui à son tour, établit une croyance, et l'argent que vous avez demandé ne peut manquer de se matérialiser. C'est absolument impossible ! Cependant, ne me faites pas dire ce que je n'ai pas dit. L'argent ou peu importe votre souhait, ne viendra pas comme par magie échouer sur vos genoux. Il va falloir poser des actions encore et encore et laisser l'inébranlable loi de la croissance suivre son cours naturel.

Si vous faites intentionnellement un effort honnête et ciblé pour produire les résultats souhaités, mais que des pensées divergentes surgissent et contredisent votre intention (et ce sera le cas sans aucun doute au début), considérez-les comme de mauvaises herbes qui affecteront le résultat souhaité jusqu'à ce que vous les éliminiez.

Il est important que vous appreniez à maîtriser ces pensées et à les éliminer afin que votre utilisation de la loi de cause à effet puisse produire les résultats souhaités et non ce que vous ne souhaitez pas. La bonne nouvelle est que vous avez la capacité de contrôler et de changer ces pensées en utilisant le pouvoir mental qui vous a été fourni.

La seule chose qui puisse vous empêcher de réaliser vos désirs, c'est vous. C'est à vous de faire le choix conscient de changer vos pensées, vos mots et vos actions qui, avec la répétition, établissent la croyance en votre esprit subconscient. L'esprit subconscient (conscience spirituelle) libère alors dans l'atmosphère et diffuse les vibrations de la chose désirée qui attire vers elle les événements, les personnes, les circonstances et les situations qui lui permettent de se manifester ou de se produire. Vous devez seulement être réceptif à eux. Il est important de les attendre et de les rechercher au fur et à mesure qu'ils se produisent. Croyez-moi, si vous suivez ce processus, ils viendront !

La loi de cause à effet est inébranlable et prévisible et agit perpétuellement que nous en soyons conscients ou pas. Vous ne pouvez ni vous désabonner, ni la mettre en pause. Vous ne pouvez que vous mettre en harmonie avec elle ou alors à contre sens et subir les résultats en osmose avec votre attitude.

Maintenant, il est temps de voir comment entretenir et fertiliser le jardin qui accueille, fait croitre et fructifie les graines de notre semence pour nous donner une récolte abondante égale à la nature et à la qualité de notre semence.

PRINCIPE N° 3 : LE SUBCONSCIENT EST UN PUISSANT POUVOIR CREATEUR

« Les pouvoirs du subconscient sont nombreux, les principaux étant l'intuition, l'émotion, la certitude, l'inspiration, la suggestion, la déduction, l'imagination, l'organisation et bien sûr, la mémoire et l'énergie dynamique. C'est une entité distincte, il possède une fonction et des pouvoirs indépendants, une organisation unique qui lui est propre et il mène une existence étroitement liée au corps physique, bien qu'il soit indépendant du corps. Il fonctionne mieux lorsque les sens objectifs sont calmes. Il peut travailler pendant les heures de veille et pendant le sommeil. »

Claude M. BRISTOL

Vous n'avez qu'un seul esprit, mais cet esprit possède deux fonctions. Que cet énoncé ne vous intimide guère. Je vous propose dans ce chapitre d'établir cette distinction de façon claire et compréhensible.

Chaque phase de votre esprit est douée de propriétés particulières et est capable d'une action indépendante. Ici nous parlerons alors de plans de conscience. Dans ce chapitre, vous apprendrez non seulement à reconnaître le rôle de chacune de ces phases, mais aussi à vous en servir de manière synchrone, harmonieuse, paisible et en conséquence, vous manifesterez l'harmonie, la santé, le bien-être, l'amour et l'abondance dans votre vie. Nous utiliserons à présent les termes "esprit objectif" et "esprit subjectif" pour désigner les deux fonctions de votre esprit. Si vous êtes plus enclins aux appellations scientifiques optez pour "esprit conscient" et "esprit subconscient". L'esprit objectif ou conscient interagit avec le monde objectif au moyen des cinq sens objectifs, tandis que l'esprit subjectif, ou subconscient a pour premier rôle de prendre soin de tous vos organes vitaux et ceci même pendant que vous dormez profondément. Il se charge entre autres de votre respiration, de votre circulation sanguine, il assure que votre cœur fonctionne parfaitement, de même que les autres appareils essentiels de votre corps. Il est cette intelligence qui se manifeste dans tous les états et conditions subjectifs tels que l'inspiration, l'intuition, la guérison et les solutions aux problèmes. Alors que votre esprit conscient est le gardien du temple subconscient. Il est votre guide dans vos interactions avec l'extérieur. Il apprend grâce à nos cinq sens, mais aussi par l'observation, l'expérience et l'éducation. Il est le siège de l'intelligence et de la raison et par conséquent il opère selon la méthode inductive c'est à dire en se basant sur l'expérimentation. Il peut accepter, ou refuser une suggestion. Il peut également discriminer ou dénaturer. Tandis que l'esprit subjectif qui est le siège des émotions est totalement incapable de procéder au choix, il acceptera toute suggestion, si fausse qu'elle soit et l'ayant acceptée, en déduira les conclusions normales jusqu'au plus infime détails avec une implacable logique.

Il s'ensuit que l'esprit subjectif ou le subconscient est toujours au service de l'esprit objectif ou du conscient : avec une fidélité minutieuse, il reproduit et accomplit tout ce que lui inculque l'esprit objectif. Il est sensible aux suggestions de ce dernier et se laisse contrôler par la suggestion. Comme nous avons déclaré plus haut, par les corollaires de la loi de la suggestion, il en est un qui veut que le subconscient ne se livre pas à des raisonnements inductifs, c'est à dire qu'il n'établit pas un mode de recherche en recueillant les faits, en les classant et en évaluant leur valeur relative manifeste. Son mode de raisonnement est purement déductif c'est à dire totalement incapable de procéder aux choix et à la comparaison, il acceptera toute suggestion du conscient, si fausse qu'elle soit et, l'ayant acceptée, en déduira les conclusions normales jusqu'au plus infime détail avec une implacable logique.

En d'autres termes, l'esprit subjectif est le pouvoir créateur agissant dans l'individu. Son caractère impersonnel est démontré par son empressement à revêtir toute personnalité que lui suggère l'esprit conscient par la répétition continue. Ce qui rend absolument vrai l'axiome " notre corps est un agrégat de nos croyances ". Si nous croyons que le corps est sujet à des influences diverses échappant à notre contrôle et que tel ou tel symptôme indique l'activité en nous-même de l'une de ses influences incontrôlables, cette conviction s'imprime sur l'esprit subjectif qui, de par la loi de sa nature, l'accepte sans discussion et se met à façonner en conséquence des conditions corporelles de même nature que celles entretenues. Le fait que le subconscient est le seul guérisseur qui soit est aujourd'hui universellement accepté. Une littérature plus avancée à propos de ce sujet existe un peu partout, mais en ce qui nous concerne voyons voir comment la connaissance de ce principe et surtout comment son utilisation est impérative pour la réussite de vos plans. Nous allons vous montrer que le subconscient est le principe par excellence pour vous réinventer totalement et devenir la meilleure version de la personne que vous décidez devenir.

Le subconscient est le champ de la conscience où sont classées et enregistrées toutes les impulsions de la pensée qui parviennent à la conscience par la médiation des cinq sens. Il reçoit et classe les sensations ou les pensées, quelle qu'en soit la nature. En d'autres mots c'est le maillon fort de votre mécanisme de succès.

Vous pouvez faire pénétrer dans votre esprit subjectif tout plan, toute pensée ou tout objectif que vous souhaitez voir se concrétiser dans votre vie. Ici l'importance capitale qu'il faudra graver dans votre esprit est de savoir que votre subconscient ne reconnaît pas le réel du synthétique. Autrement dit, vos images mentales seront interprétées de la même manière que vos expériences réelles. D'où l'importance d'une contemplation continue de l'image mentale que vous souhaitez rendre tangible. De ce fait, les désirs colorés d'affectivité et associés à la confiance en vos capacités sont imprégnés de force et de vitalité et s'impriment dans votre esprit comme expérience vécue. C'est pourquoi ils sont les premiers auxquels réagit le subconscient. On ne répétera jamais assez que 95% de votre réalité est conditionné par lui, je vous laisse alors deviner l'importance de le nourrir d'émotions saines et d'images mentales positives. Cette phrase d'Emile Coué me revient pour confirmer cette tendance. Elle dit que, chaque fois que votre imagination rentre en conflit avec votre raison, l'imagination le remporte tout le temps la main haute car, la raison vient de la volonté tandis l'imagination trouve sa force dans le subconscient.

Sans que l'on sache comment, le subconscient fonctionne nuit et jour car, quand vous dormez c'est lui qui vous maintient en vie, fait fonctionner vos organes, effectue le travail de renouvellement de vos tissus etc... En fait d'après les neurosciences, c'est là où son travail est le plus efficace. Vous ne pouvez pas totalement contrôler le subconscient car non seulement il est situé à un plan supérieur, mais il est aussi le siège de vos habitudes et croyances profondes, il est relié à l'intelligence universelle ou si vous voulez aux champs de tous les possibles ou de la sagesse infinie. Par contre, c'est un fidèle servant de l'esprit conscient comme nous l'avons expliqué plus haut, et par conséquent est toujours à l'affût de vos ordres par le biais de vos images, émotions, paroles ou tout simplement vos pensées prédominantes. Vous pouvez donc à travers vos exercices de visualisation et d'affirmations, lui transmettre les plans, désirs ou objectifs que vous souhaitez voir se concrétiser. Reportez-vous au chapitre traitant de ces techniques.

Votre cerveau est construit pour renforcer et réguler votre vie. Votre subconscient à ce qu'on appelle une impulsion homéostatique, qui régule des fonctions comme la température corporelle, le rythme cardiaque et la respiration. Brian Tracy l'expliquait ainsi : "Par l'intermédiaire de votre système nerveux autonome, [votre impulsion homéostatique] maintient un équilibre entre les centaines de substances chimiques contenues dans vos milliards de cellules, de sorte que l'ensemble de votre machine physique fonctionne parfaitement la plupart du temps."

Mais ce que beaucoup de gens ne réalisent pas, c'est que, tout comme votre cerveau est conçu pour réguler votre moi physique, il essaie de réguler votre moi mental. Votre esprit filtre et porte constamment à votre attention des informations et des stimuli qui affirment vos croyances préexistantes (connu en psychologie comme un biais de confirmation), tout en vous présentant des pensées et des impulsions répétées qui imitent et reflètent ce que vous avez fait dans le passé.

COMMENT UTILISER LE SUBCONSCIENT, ET LE PREPARER A L'EFFORT DE CREATION POUR LA MANIFESTATION DE VOTRE DESIR

Dans un premier temps, il serait judicieux de noter que le subconscient se situe dans un éternel « maintenant » et dans un perpétuel « ici ». Il ne fait pas non plus de différence entre le réel et l'imaginaire.

Pour établir le contact entre votre souhait et le subconscient, une infinité de possibilités s'offre à vous. Dans un premier temps, il vous faut admettre la réalité de son existence et de ce qu'il peut faire pour vous. Seulement alors, vous comprendrez les possibilités qu'il offre comme créateur ou médiateur de transmutation de vos désirs en une réalité tangible et vous utiliserez de manière confiante la technique de visualisation et de l'autosuggestion ci-dessus suggérée. Vous comprendrez également l'importance qu'il y'a de clarifier vos désirs de manière précise et par écrit, tout comme vous comprendrez la nécessité de faire preuve de persévérance dans l'exécution de ces instructions.

Votre subconscient est une force puissante avec laquelle il faut compter. Il représente environ 95 % de votre puissance cérébrale et gère tout ce dont votre corps a besoin pour bien fonctionner, qu'il s'agisse de manger et de respirer, de digérer et de créer des souvenirs.

C'est un être très étrange quand on y pense. L'esprit subconscient n'est pas créatif, il ne comprend pas les blagues et il peut se souvenir de tout ce que vous avez déjà fait, dit ou vu. Les 5 %

restants de votre cerveau, l'esprit conscient, sont le seul but d'interagir avec le monde physique.

Cependant, en prenant le contrôle de votre subconscient, en devenant conscient et en phase avec lui, vous pouvez être sûr de reprendre le contrôle de votre vie et de réaliser essentiellement tout ce que vous voulez. En effet, lorsque votre subconscient et votre esprit conscient travaillent ensemble pour atteindre un objectif commun, vous pouvez croire que cela se produira.

Votre subconscient est votre serviteur loyal, cependant veillez à la nature des ordres que vous lui transmettez. Si vous faites tout ce qui est en votre pouvoir pour ancrer en vous, solidement et définitivement, avec une confiance et une conviction sans faille, l'idée que vous allez réussir et réaliser votre désir, alors votre subconscient en prendra acte et emmagasinera cette idée. Si vous avez ancré cette idée si fortement qu'elle est devenue l'idée dominante de votre subconscient, elle influera sur les autres idées et sur les autres informations qui y sont enregistrées. Quand vous avez imprimé à votre subconscient cette nouvelle direction, il commencera à rassembler des informations et, par la médiation de votre intelligence créatrice, vous constaterez qu'il vous vient des idées et des plans plus nombreux et meilleurs pour atteindre votre but. Ceci n'est possible que par la répétition, la constance et l'habitude. Il faut que vous affirmiez par la déclaration orale et par écrit votre objectif et que vous le répétiez à haute voix tous les jours en étant absolument convaincu que vous pouvez l'atteindre. Il faut que vous réussissiez à vous représenter, de façon très nette, en train de le réaliser. Votre comportement doit être celui de quelqu'un qui a déjà réalisé son objectif et ceci doit être votre conduite de tous les jours. Si vous vous engagez sérieusement dans cette démarche, votre façon de penser et d'agir s'en trouvera changée, votre subconscient fera tout pour transmuter votre désir en réalité, il sera obligé de s'aligner sur votre nouvelle croyance et les événements, circonstances et conditions devront suivre car ils ne sont qu'une projection de votre attitude.

Souvenez-vous bien cependant que votre subconscient fonctionne, que vous fassiez ou non des efforts pour l'influencer. Ce qui signifie que les pensées de peur, de limitations, de pauvreté, de manque d'estime de soi et toutes les idées négatives l'affecteront si vous ne maîtrisez pas ces impulsions et si vous ne lui fournissez pas une alimentation plus dynamique allant dans le sens de vos souhaits.

Le subconscient n'est jamais inactif. Si vous ne lui donnez pas de direction par la médiation de vos désirs et états mentaux, il se nourrit de pensées qui sont le produit de votre manque de concentration. Les pensées positives, tout comme les pensées négatives, parviennent continûment à votre subconscient. Ces pensées émanent de quatre sources : - le conscient des autres - votre subconscient - le subconscient des autres - et le champ des potentialités où l'intelligence universelle. A chaque instant, toutes sortes de pensées parviennent subitement à votre subconscient sans que vous vous en rendiez compte. Certaines sont négatives, d'autres positives. Et vous devriez consciemment et volontairement être en train d'essayer de stopper l'arrivée des pulsions négatives et tenter sérieusement d'insuffler à votre subconscient des impulsions de désirs positives.

Quand vous y serez parvenu, vous aurez en votre possession la clé qui ouvre votre subconscient. Vous serez, en outre, si totalement maître de cette porte, qu'aucune pensée indésirable ne pourra influencer votre subconscient. Tout ce que vous créez commence par une impulsion de la pensée. Rien ne se crée qui ne soit d'abord conçu par la pensée. Par l'aptitude de l'imagination, les pensées se structurent en plans. Lorsque vous contrôlez vos pensées, vous contrôlez votre imagination, et seulement alors vous pouvez l'exploiter pour élaborer vos plans ou vous fixer des objectifs qui vous ouvriront les chemins de la réussite et du succès.

10 ASTUCES POUR UTILISER VOTRE SUBCONSCIENT A VOTRE AVANTAGE

Votre subconscient est le gardien de votre zone de confort. C'est également votre servomécanisme qui engendre systématiquement les actions vous menant au succès, au bonheur, à la complétude et à la guérison. Voici quelques façons de rééduquer votre esprit pour qu'il devienne votre allié et non votre ennemi.

1 – DONNEZ-VOUS LA PERMISSION DE REUSSIR

La première étape pour créer un changement massif dans votre vie ne consiste pas à croire que c'est possible, mais plutôt de savoir que c'est possible et de se donner la permission et vous dire que vous aussi vous avez droit à la plénitude, à l'abondance, à la prospérité et au bonheur. Vous devez intégrer le fait que vous méritez l'amour et tout ce qu'il y'a de meilleur. C'est ce qui changera votre vie. Vous allez devoir retourner à l'intérieur de vous et soigner toutes vos blessures. Pardonnez-vous et pardonnez à ceux qui vous ont offensé. Chérissez l'enfant qui sommeille en vous et déclarez-lui votre amour, votre protection et votre bienveillance. Et seulement alors, certains de vos blocages disparaitront par la même occasion et vous pourrez passer à l'étape suivante.

2 – VISUALISEZ VOTRE REUSSITE

Le premier facteur, et le plus important, que vous devrez prendre en compte pour puiser dans votre subconscient, pour réussir dans tout ce que vous voulez, est de visualiser ce que vous voulez ou quel est votre objectif. Selon une étude menée en 1996 à l'université de Michigan, 46% des patients ayant reçu des instructions en images étaient plus susceptibles de suivre leur programme de soins à domicile que le reste. Cette méthode peut marcher peu importe l'aspect de votre vie que vous souhaitez améliorer. Ça peut aller de l'éducation de vos enfants, l'amélioration de votre situation financière, ou pour vous lancer tout simplement dans une nouvelle aventure professionnelle.

3 – ENTOUREZ-VOUS DE GENS POSITIFS

Selon une étude menée par l'université de Yale aux états unis, chaque personne est la somme totale des cinq personnes qu'elle fréquente au quotidien. De ce fait, si vous évoluez dans un univers négatif et limitant, vous serez telle la personne conduisant sa voiture avec le levier sur point mort. Vous n'avancerez nullement. Assurez-vous alors que les personnes et objets que vous voyez et que vous touchez le plus souvent vous apportent de la positivité et de l'espoir. Gardez une note inspirante sur un post-it à côté de votre ordinateur. Arrêtez de suivre les personnes qui vous font sentir mal dans votre peau et suivez celles qui affichent constamment des messages de motivation et des idées intéressantes. Faites de votre fil d'actualité un lieu qui puisse catalyser votre croissance, au lieu de diminuer votre perception de votre valeur.

4 – VIVEZ VOTRE SUCCES DANS LE MOMENT PRESENT

Ici, il ne s'agit pas tant de se mentir mais de se déclarer les choses que vous savez possible car avec la méthode scientifique que vous détenez, vous savez que si vous gardez votre vision ferme, aucune force au monde ne pourra empêcher votre rencontre avec votre idéal. Dès lors, au lieu de dire : "J'espère le faire un jour", dites : "Je prépare une stratégie pour le faire maintenant". Au lieu de penser : "Je serai heureux quand je serai dans un endroit différent de ma vie", pensez : "Je suis tout à fait capable d'être heureux ici et maintenant, rien ne me retient." De cette façon, votre subconscient comprendra votre message et réunira les circonstances, conditions, synchronicités et personnes pouvant contribuer à votre croissance. Car souvenez-vous, le subconscient ne connait ni le futur ni le passé. Il vit dans un éternel présent. Donc pour qu'il comprenne, il vous faut lui parler sa langue et dans son temps c'est-à-dire une affirmation ferme dans le présent.

5 - CREEZ UN ESPACE DE VISION MOTIVATIONNEL

Ici il s'agira de créer une sorte de routine motivation-nelle. Un espace qui vous inspire et qui vous rappelle votre inten-tion. C'est là où vous vous réfugiez pour vos moments de rêverie. C'est ce qu'on appelle de la visualisation créatrice nous y revien-drons dans les chapitres suivants. Pouvoir imaginer ce que vous voulez dans votre vie est absolument essentiel pour la créer, car si vous ne savez pas où vous allez, vous ne saurez pas quel chemin prendre en premier. Une fois que vous avez dans votre esprit une image parfaitement claire de ce que vous voulez et de la façon dont vous voulez vivre, vous êtes alors capable de commencer à le pro-mulguer et à le créer car vous saurez reconnaitre les opportunités quand elles se présenteront. Si votre vision est floue ou partagée, vous serez incapable de prendre les mesures nécessaires et adé-quates pour réaliser votre rêve. Que vous utilisiez un tableau, un blog, un bloc-notes ou un tableau de vision, associez des mots et des images qui représentent ce que vous voulez et comment vous aimeriez que les choses soient et regardez ces images constamment et plusieurs fois par jour. Le subconscient ne reconnaissant pas le réel du synthétique va vous amener à prendre les bonnes actions afin d'harmoniser ces images entretenues avec votre réalité phy-sique.

6 - IDENTIFIEZ VOS BLOCAGES

Lorsque notre subconscient nous empêche de pour-suivre quelque chose que nous aimons, c'est parce que nous avons une croyance contradictoire à ce sujet. C'est ce qui arrive souvent avec l'argent. Nous n'avons que trop entendu que l'argent était la source de tous les malheurs. De ce fait, bien des personnes cherchent à s'enrichir consciemment mais s'autosabotent inconsciemment. Pour identifier votre résistance, interrogez-vous. Demandez-vous pourquoi vous vous sentez mieux après la procrastination ou pourquoi obtenir ce que vous voulez vraiment pourrait vous mettre dans un endroit où vous vous sentirez plus vulnérable que jamais. Trouvez un moyen de répondre à ces besoins avant de poursuivre.

7 – NE VOUS LAISSEZ PAS AFFECTER PAR LE « COMMENT »

Les seules choses que vous ayez à faire, c'est de décider de ce que vous voulez, maintenir votre vision, avoir confiance quant à sa réalisation et poser des actions organisées. Le « comment » n'est pas de votre ressort. Ce sera le travail de votre subconscient qui organisera les événements de sorte que votre souhait vous parvienne de la meilleure des manières avec la moindre résistance possible. Généralement d'ailleurs, les choses nous arrivent par un canal que nous n'aurions jamais pu considérer. Soyez juste ouvert, attentif et prêt à recevoir le moment venu. Mille surprises attendent celui qui fait aveuglément confiance à son subconscient.

8 – AFFIRMEZ LE SUCCES, RESTEZ MOTIVE, SOYEZ INSPIRE....

Chaque matin, lorsque vous voyager avec le métro pour vous rendre à votre travail par exemple, écoutez un discours de motivation ou un podcast. Pendant que vous faites la vaisselle ou que vous conduisez, écoutez en fond sonore une émission motivationnelle en rapport avec le type d'entreprise que vous souhaitez entreprendre. Imprégnez votre vie avec autant d'affirmation et de motivation que possible. Vous aurez peut-être besoin d'entendre les leçons plus d'une fois, mais elles s'infiltreront dans votre cerveau au fil du temps et vous finirez par agir en fonction de la sagesse reçue de ceux qui sont là où vous voulez être. Lorsque nous affirmons santé, harmonie et paix, nous réorganisons les schémas négatifs de notre esprit subconscient. Si vous êtes malade, affirmez-vous que vous soyez en bonne santé. Si vous êtes triste, affirmez-vous que vous soyez heureux. Affirmer, c'est fondamentalement déclarer que quelque chose "est ainsi". La répétition d'une affirmation conduite l'esprit à cet état de conscience où il accepte ce que vous déclarez vrai.

9 – TENEZ UN JOURNAL DE GRATITUDE

Ce n'est un secret pour personne que montrer de la gratitude est bon pour vous. En plus d'être soutenus par la science, des personnes telles que le Dalaï Lama sont également de grands fans. L'une des meilleures façons de manifester sa gratitude au quotidien est de tenir un journal de gratitude. Chaque fois que vous écrivez dans votre journal de gratitude, vous vous entraînez. Cette pratique vous aide à entrer dans un état de gratitude chaque jour. La gratitude vaut votre temps, car c'est un antidote aux émotions négatives. "Vous ne pouvez pas ressentir de la peur ou de la colère tout en ressentant de la gratitude en même temps" nous dit Tony Robbins. Cultiver la gratitude vous aidera à promouvoir des sentiments de positivité, de paix et de joie sur une base régulière. Le meilleur moyen de maîtriser une nouvelle compétence ou un nouveau comportement est de pratiquer régulièrement. Cela ne prend que quelques minutes par jour. Quelle déclaration puissante que d'avoir de la gratitude pour quelque chose que nous n'avons pas encore obtenu. C'est ce qu'on appelle une foi absolue. Prenez l'habitude de ressentir de la gratitude d'abord pour ce que vous possédez déjà et ensuite pour ce que vous êtes sur le point de recevoir, c'est une méthode très puissante pour impressionner le subconscient.

10 – RELAXEZ-VOUS ET PARLEZ A VOTRE SUBCONSCIENT

Pendant l'état de veille, l'ego conscient agit directement sur l'esprit conscient, éveillé, tandis que pendant le sommeil, il agit entièrement dans le subconscient. Chaque pensée, désir ou idée qui entre dans le subconscient lorsque l'esprit s'endort sera imprimé sur le subconscient et provoquera des expressions correspondantes dans la personnalité. Il est donc extrêmement important d'éliminer toutes les pensées et tous les sentiments indésirables de l'esprit avant de dormir. Les heures de sommeil peuvent être utilisées dans le développement de tout ce que nous pouvons avoir à l'esprit, car tout ce que nous impressionnerons lorsque nous nous endormirons pénètrera dans le subconscient et l'incitera à exprimer les effets que nous désirons obtenir. Lorsque le subconscient est correctement dirigé, les résultats peuvent être assez remarquables. Par conséquent, ce sur quoi le subconscient travaille pendant le sommeil dépendra de ce à quoi nous pensons au cours de la journée, et surtout ce à quoi nous pensons durant les 15 dernières minutes qui précède notre sommeil.

L'exposé que nous venons de vous faire sur le subconscient devrait faire clairement apparaître que, si vous voulez faire fonctionner votre esprit subjectif, il vous faudra appliquer de façon coordonnée et dans leur intégralité, les dix principes du livre afin de créer une vie sur mesure, celle que vous avez choisi de vivre. Passons à présent au plan d'action afin d'avoir un aperçu pratique de la méthode étudiée. Adaptez-le selon votre personnalité et votre sensibilité.

PLAN D'ACTION

VOICI QUELQUES REGLES DU PROCESSUS DE PROGRAMMATION DE L'ESPRIT SUBCONSCIENT

L'un des moyens les plus efficaces de reprogrammer votre esprit subconscient consiste à visualiser exactement ce que vous désirez pour votre vie. Voici un exemple d'une telle vision : vivre dans une belle maison, avoir un nombre spécifique d'enfants, exercer le métier de ses rêves ou même gérer une entreprise en particulier. Lorsque vous visualisez des choses spécifiques, vous êtes en mesure de diriger votre esprit subconscient dans la direction souhaitée. Lorsque vous savez où vous allez, votre esprit subconscient vous y conduira. Voici alors quelques règles afin de communiquer à votre subconscient ce qu'il doit accomplir pour vous.

Règle 1 : SACHEZ CE QUE VOUS VOULEZ

Lorsqu'il s'agit de communiquer avec l'esprit subconscient, vous DEVEZ décider de ce que vous voulez améliorer. Vous devez être spécifique, mais pas trop spécifique, vous devez être rationnel dans votre demande (vouloir voler comme un oiseau n'est pas rationnel, mais vous pouvez le rendre rationnel si vous souhaitez suivre un cours de parachutisme) et vous DEVEZ vous concentrer sur cela, et uniquement cela ! Se concentrer simultanément sur différents sujets ne peut que dérouter votre esprit subconscient ; vous serez dispersés et c'est contreproductif.

Il est impératif d'avoir une vision très précise et claire. L'esprit subconscient ne répond pas aux visions génériques ou vagues. Les exemples tels que, "je veux avoir une grande vie" ou "je veux être riche." Ces visions ne peuvent pas être quantifiées car elles sont trop générales. En conséquence, il devient très difficile pour le subconscient de prendre les mesures appropriées pour atteindre ces visions. En tant que tel, veillez à transmettre des visions spécifiques, mesurables et précises à votre subconscient. C'est un moyen sûr de le reprogrammer pour vous donner exactement ce que vous désirez.

Par exemple, si vous souhaitez trouver votre âme sœur, concentrez-vous sur cela et évitez de l'étendre à d'autres domaines, tels que gagner plus d'argent, perdre du poids et surmonter l'anxiété. C'est formidable d'avoir des objectifs différents, mais vous devez vous concentrer sur un objectif à la fois. Cependant, certains objectifs n'exigent pas de reprogrammation de l'esprit subconscient, vous pouvez donc toujours définir votre objectif principal ainsi que d'autres objectifs qui ne nécessitent que de la pratique (comme obtenir un permis de conduire). Si vous avez plusieurs objectifs qui exigent un changement d'esprit subconscient, choisissez-en un qui est votre priorité principale.

Règle 2 : ECRIVEZ VOS OBJECTIFS

L'une des principales étapes pour réaliser votre rêve consiste à le diviser en objectifs. Ceux-ci devraient être quantifiables et réalisables. Pour reprogrammer votre subconscient, vous pouvez écrire 10 objectifs chaque matin après votre réveil ou juste avant de vous coucher, le soir. Le fait d'écrire vos objectifs vous aide à avoir un rappel visuel de ce que vous devez faire avant de réaliser votre rêve. En écrivant ces objectifs, votre subconscient commence à travailler pour les atteindre. Il est important de savoir que cette partie de votre esprit ne juge pas. Par conséquent, il ne peut pas dire ce qui est fictif ou ce qui est réel. Cela vous donne la liberté de visualiser des rêves aussi hauts que possible. Votre subconscient va vous surprendre en les manifestant pour vous.

Règle 3 : RELEVEZ BIEN VOS LACUNES

Lorsque vous choisissez votre objectif principal, vous devez instaurer un dialogue interne avec vous-même afin de trouver les obstacles qui vous semblent venir de l'esprit subconscient cause principale de vos lacunes et échecs. Par exemple, une femme qui veut trouver son partenaire idéal : elle a besoin de se parler, honnêtement, sans masque, sans excuse pour déterminer ce qui l'empêche de rencontrer la personne idéale. Peut-être qu'elle est trop dépendante et que les partenaires potentiels s'en vont, elle doit donc également s'occuper de cette question, ainsi que de son objectif principal.

Lorsque vous dialoguez avec vous-même, vous devez vous poser les questions suivantes : qu'est-ce qui m'empêche d'avoir telle ou telle chose ? Quels sont les blocages possibles de mon subconscient ? Parfois, vous ne pourrez pas trouver la réponse vous-même, vous aurez donc besoin d'aide pour la trouver. L'aide peut être un coach ou même des amis proches qui vous connaissent le mieux. Vous devez être disposé à considérer à la réponse qu'ils vous donnent.

Règle 4 : LE MOMENT LE PLUS PROPICE POUR PARLER A VOTRE SUBCONSCIENT C'EST AVANT DE VOUS ENDORMIR

Environ 15 minutes avant de s'endormir, l'esprit et le corps commencent à se calmer, les muscles se relâchent, la respiration devient plus aisée, les battements de cœur commencent à ralentir et l'ensemble du système entre dans un mode de relaxation plus profond. À ce stade, le cerveau produit des ondes alpha. Les études montrent que dans cette période de 15 minutes entre l'éveil et le sommeil, les ondes cérébrales ralentissent et qu'il y a entre 7 et 14 ondes électriques par seconde - il s'agit d'ondes Alpha. Toujours selon ces mêmes recherches, le tunnel de l'esprit subconscient est « ouvert » à la réception de messages.

Règle 5 : IMAGINEZ LES RESULTATS ET VIVEZ LES EMOTIONS

Lorsque vous programmez votre esprit subconscient, vous devez agir comme si le changement que vous désirez était déjà survenu. Programmer votre esprit nécessite que vous vous imaginiez dans l'état que vous souhaitez. Lorsque vous commencez à vous comporter et à agir comme si vous aviez déjà réalisé ce que vous désiriez, votre subconscient sera à l'écoute de cette réalité et vous expérimenterez ce changement dans votre vie. Si vous voulez être riche, vous devez commencer à agir comme une personne riche. Effectuez des recherches et découvrez le comportement des personnes fortunées. Une fois que vous avez identifié ce qu'ils font, commencez à imiter les choses que vous pouvez. Au fil du temps, votre subconscient comprendra et poursuivra le processus. Vous vous retrouverez à réaliser exactement ce que vous vouliez et bien plus encore. Créez l'image mentale du but souhaité et imaginez à quoi ressemblera votre vie quand il se produira. Visualisez le résultat final encore et encore jusqu'à ce qu'il se solidifie dans le tangible. Faites attention à tous les détails de votre image mentale. Que ressentez-vous, que voyez-vous, Qu'entendez-vous, qui voyez-vous, où êtes-vous, quelle est le décor autour de vous et ce que vous ressentez lorsque vous réalisez que vous avez accompli votre idéal. Cette visualisation est très efficace dans le processus de programmation de l'esprit subconscient. Nous y reviendrons car elle requiert un chapitre entier pour elle toute seul.

L'esprit subconscient est le pilote silencieux dans nos vies. Il absorbe tout et a la capacité de nous aider à créer la réalité que nous désirons pour notre croissance. En effectuant les astuces indiquées ci-dessus, nous pouvons reprogrammer l'esprit subconscient et commencer à créer notre propre destin. Essayez-les et voyez à quel point vous vous rapprocherez de votre rêve.

Avant d'enchainer au chapitre suivant, je voulais vous laisser avec ces paroles. L'esprit conscient est une machine à penser incroyable. Cela ne s'arrête tout simplement pas. Eckhart TOLLE a écrit sur l'activité de l'esprit dans son œuvre « une nouvelle terre » : que « Penser n'est pas quelque chose que vous faites ; la pensée est quelque chose qui vous arrive. » Beaucoup de ces pensées sont du bruit et du bavardage. Le bavardage mental peut aller de légèrement ennuyeux à carrément débilitant. Il existe de nombreux livres d'entraide qui nous encouragent à nous entraîner à penser positivement. Cependant, à cause du volume de pensées que nous avons, notre contrôle sur l'esprit humain et notre bavardage mental sont assez limités. Plus vous vite comprendrez cela plus rapidement vous laisserez votre subconscient diriger votre vie en lui communiquant tout simplement exactement ce que vous désirez. Passons maintenant au chapitre prochain.

PRINCIPE 4 : L'OBJECTIF EST LE POINT DE DÉPART DE TOUT ACCOMPLISSEMENT

« Imaginez un navire au départ d'un port. Son trajet est tout établi et tracé d'avance. Son capitaine et son équipage en connaissent précisément la destination et le temps qu'il leur faudra pour l'atteindre. Ce navire a une destination précise. Dans neuf mille neuf cent quatre-vingt-dix-neuf cas sur dix mille les choses se passeront comme prévu. Maintenant prenons un autre navire, similaire au premier, mais sans équipage ni capitaine à la barre, ne lui donnons pas de destination ni d'objectif. Actionnons ses machines et laissons-le partir. Je pense que vous serez d'accord avec moi : s'il parvient à quitter le port, soit il coulera, soit il finira en épave sur une plage déserte. Il ne peut aller nulle part sans destination ni guidage. Il en est de même pour l'être humain. »

Earl NIGHTINGALE

Vous êtes-vous demandé pourquoi tant de gens travaillent fort et honnêtement sans jamais accomplir quoi que ce soit de particulier, tandis que d'autres, sans grand effort, semblent tout obtenir ? Ceux-là ont en quelque sorte " la touche magique ". Vous avez surement entendu dire de quelqu'un que " tout ce qu'il touche se transforme en or ". Ainsi, avez-vous remarqué qu'une personne qui réussit à tendance à continuer de progresser tandis qu'un homme qui échoue à tendance à accumuler les échecs ? Tout est question d'objectifs. Il y'a ceux qui en ont, et ceux qui n'en ont pas. Les gens qui en ont réussi parce qu'ils savent où ils vont.

À un moment donné de notre vie, nous devons tous avoir des objectifs. Ces objectifs peuvent être aussi simples que d'achever la tâche à la fin de la journée ou aussi grands que ce que nous voulons faire une fois sorti de l'université ou là où nous voulons nous retrouver dans un an.

Beaucoup de gens fixent néanmoins des objectifs, mais peu voient leurs objectifs se concrétiser. Créer un objectif principal défini est un moyen de persuader votre subconscient d'avoir le bon processus mental pour atteindre vos objectifs. Votre objectif principal est une déclaration très spécifique qui a le pouvoir d'influencer votre subconscient.

Ce sont tous les objectifs que nous avons fixés, tout en gardant à l'esprit nos capacités et nos ambitions, qui nous permettent de rester concentrés sur notre idéal.

A présent que nous avons accepté cette idée qui veut que l'objectif soit le point de départ de tout accomplissement et qu'il est le déclencheur de tout succès, voyons comment il agit dans notre réussite et surtout comment le mettre en corrélation avec les neuf autres principes de notre étude. Nous avons dit plus haut que la seule différence entre deux individus ne se situe que dans l'attitude et que celle-ci était la pensée en action. Cette même pensée était étroitement liée au subconscient et que le subconscient était le seul créateur qui soit, car ayant la charge de notre réalité objective à hauteur de 95%. Il est logique alors qu'une personne ayant en tête un objectif concret et qui en vaut la peine l'atteigne, car c'est à cela qu'elle pense : et comme c'est dit dans le chapitre sur le caractère du subconscient concernant la pensée, nous devenons ce à quoi nous pensons. De la même façon, quelqu'un qui n'a pas d'objectif, qui ne sait pas où il va et dont les pensées sont rassemblements empreints de confusion, d'anxiété, de crainte et de préoccupations, devient ainsi ce à quoi il pense. Sa vie est remplie de frustration, de peur, d'anxiété et de soucis, et s'il ne pense à rien il nc devient rien.

Cela peut vous paraître surprenant, et pourtant c'est la vérité. Une enquête a révélé que 95% des populations n'avait pas d'objectif selon les critères acceptés, c'est à dire précis, claire, avec une intention ferme, un désir ardent, un plan d'actions et une date butoir. C'est pourquoi d'ailleurs seulement 5% de la population mondiale gère 95% des ressources. En établissant alors des objectifs, vous sortez de ce lot des " sans objectifs " et intégrez le second groupe. Je veux nommer celui des personnes qui jouissent des fruits que procure la satisfaction de l'accomplissement. Ceci je tiens à le signaler, est à la portée de tous comme nous le verrons plus bas.

Il y a un énorme pouvoir dans l'établissement d'objectifs. Il vous aide à planifier votre avenir et à rester motivé pour que votre vision devienne réalité. Les résultats vous stimulent et vous dynamisent et chaque nouvel objectif atteint dope votre confiance en soi sans parler de votre égo. Vous avancez aussi avec plus d'entrain. Cependant, pour beaucoup, le succès est perçu comme quelque chose d'insaisissable. Il est perçu comme quelque chose qui n'arrive qu'aux privilégiés et aux exceptionnels. Ou qu'il faut avoir des connaissances exceptionnelles ou une intelligence supérieure que le reste d'entre nous ne pouvons acquérir.

Laissez-moi vous dire que pour atteindre le niveau de succès dont vous avez toujours rêvé, comme de perdre du poids, d'obtenir cette promotion au travail ou même de créer une entreprise qui prospère est plus possible que vous ne le croyez. Il suffit de savoir ce que vous voulez, de mettre en place un plan d'action, d'emmètre une intention ferme qui refuse tout échec et persévérer jusqu'à accomplissement de votre désir. Ça marche à tous les coups et ceci peu importe l'ampleur de votre vision. D'ailleurs plus grande est votre vision, plus grande est la force d'attraction qui vous tire vers votre idéal.

S'il y'a une leçon que j'ai tirée de tous les séminaires, livres, interviews et autres contenus sur le sujet du succès, c'est que le succès n'a rien à voir avec la chance ou le hasard. Même le talent seul ne garantit pas le succès. Deux étudiants sortis de la même faculté, avec le même diplôme et les mêmes connaissances ne vont pas aborder la réussite de la même manière et de ce fait vont exploiter leurs connaissances de manière complétement différente. Le succès est une histoire de clarté de vision et de connaissances des principes inhérents plus qu'autre chose. Il consiste à déterminer ce que vous voulez et où vous voulez être dans un avenir proche, moyen ou lointain. Ensuite, vous imaginez exactement ce qu'il faudra pour y arriver. Ensuite, vous mettez en place un plan d'action qui vous mènera sûrement dans la bonne direction. Mais ce n'est pas tout le temps le manque d'objectifs qui empêche les gens d'être là où ils veulent être dans la vie. Bien des fois, ils ne les accomplissent pas pour différentes raisons telle que la procrastination, le manque de persévérance etc…

Se fixer des objectifs vous donne une véritable feuille de route pour réaliser votre idéal de vie. Lorsque vous planifiez votre prochain mouvement et que vous vous y tenez, votre esprit ne se demande plus « alors, que dois-je faire maintenant ?», Votre esprit

a un point de focalisation sur lequel toute votre énergie est proje-
tée.

Lorsque vous vous concentrez sur votre désir, votre cerveau cherchera constamment à améliorer ou à innover tous les domaines de votre vie objet de votre concentration. Alors que lorsque
vous ne vous concentrez sur aucun objectif particulier, Il n'a aucune commande précise, toute votre énergie, votre force créatrice
et votre mécanisme à succès sont désorientés. C'est comme voyager dans un bateau sans capitaine ou un avion sans commandant
de bord. C'est le crash assuré. Souhaitez-vous traverser un pays
inconnu sans carte ni GPS et vous attendre à atteindre votre destination à temps ? Je doute fort que vous y arriviez. Quand il s'agit
d'accomplissement, la seule différence entre les personnes, c'est
que certains planifient l'avenir, tandis que d'autres s'assoient en se
disant qu'un jour j'arriverai à ce que je veux faire. Nous savons
tous que ce jour ne se produira jamais tant que vous ne vous res-
saisissez pas. Comme le disait l'illustre Malcolm X : « L'avenir ap-
partient à ceux qui se préparent aujourd'hui ». Soyez parmi ces
personnes.

Tout le concept du succès et de la réussite peut se résumer à la définition d'un objectif, à la création d'un système ou plan
pour l'atteindre, puis au suivi et à sa réalisation. Fixez-vous vos
objectifs et tenez-vous-en à eux, ce qui vous permettra d'accélérer
leur réalisation. Une fois cet objectif décidé, assurez-vous de le
suivre fidèlement pendant au moins 6 mois avant de penser à
l'abandonner. Le succès sera vôtre, il vous suffira tout simplement
de vous y préparer. Tout le monde est non seulement apte pour la
réussite, mais détient tout ce dont il a besoin pour y parvenir, il

suffit tout simplement de connaitre la loi du succès et croyez-moi à l'issue de la lecture de ce livre, vous serez en mesure de l'enseigner aux autres. Mais bien que je me répète encore une fois, connaitre les principes est bien beau mais les adopter est encore mieux.

NOUS AVONS TOUS UN SYSTÈME INTERNE DE GUIDAGE ET UN INSTINCT DE SUCCÈS POUR ATTEINDRE NOS BUTS

D'après Maxwell MALTZ dans son magnifique ouvrage intitulé " LA PSYCHO- CYBERNÉTIQUE " que je vous conseille d'ailleurs vivement d'acquérir sans tarder si ce n'est déjà fait, il nous dit que tout être vivant possède un système interne de guidage réglé vers un but, placé par-là par son créateur pour l'aider à atteindre ce but qui est - grosso modo - " vivre". Pour les formes de vie les plus élémentaires, "vivre" veut dire simplement survivre, à la fois pour l'individu et pour l'espèce.

Chez l'homme, " vivre à une autre signification que la simple survie. La " vie " d'un animal se limite à la satisfaction de besoins physiques définis. L'homme quant à lui, a des besoins affectifs et spirituels inconnus des animaux. " Vivre " pour l'homme, englobe donc plus que la survie du corps et la procréation de l'espèce. "Vivre ", c'est exiger aussi certaines satisfactions affectives et spirituelles. Le " mécanisme de succès " placé dans l'homme est plus ambitieux que celui de l'animal. Non seulement il aide l'homme à éviter ou surmonter le danger, à propager la race grâce à " l'instinct sexuel ", mais peut aussi l'aider à résoudre les problèmes, à inventer, à écrire un poème, à diriger une affaire, à inventer, à vendre, à explorer de nouveaux horizons de la science, à atteindre la sérénité, à se créer une meilleure personnalité, en bref à réussir toute activité intimement liée à son style de vie ou qui lui donne une vie bien remplie.

Un écureuil n'a pas besoin d'apprendre comment ramasser les noisettes, ni comment les stocker pour l'hiver. Un écureuil né au printemps n'a jamais connu l'hiver. Et pourtant on peut le voir à l'automne emmagasiner ses noisettes pour les manger pendant l'hiver lorsqu'il ne trouvera plus aucune nourriture à ramasser. Un oiseau n'a pas besoin de prendre des leçons pour faire son nid, ni pour la navigation aérienne. Et pourtant les oiseaux couvrent des milliers de mires, parfois en pleine mer. Pas de journaux ni de télévisions pour leur donner les prévisions météorologiques, et aucun explorateur parmi eux pour dresser la carte des régions chaudes du globe. Cela n'empêche pas l'oiseau de " sentir " l'approche du temps froid et de localiser avec précision une région chaude, fit-elle à des milliers de kilomètres.

Le fait que l'homme aussi possède un instinct de succès est souvent négligé. Pourtant il est plus merveilleux et plus complexe que celui d'aucun animal. Nous n'avons pas été lésé sur ce plan, bien au contraire nous avons été même gâtés dans ce domaine. Un animal ne peut pas choisir ses buts (préservation de soi et procréation), ils sont pour ainsi dire prédéterminés. Leur mécanisme de succès se réduit à ces seules images intérieures que nous appelons " instincts ". L'homme en revanche, possède quelque chose de plus qu'un animal : l'Imagination Créatrice. L'homme est la seule créature qui soit en même temps créateur. Grâce à son imagination il peut définir une gamme variée de buts. Seul l'homme, en exerçant son imagination, ou par sa facilité à imaginer, peut diriger son Mécanisme à Succès en se fixant les buts de son choix.

Voyons maintenant comment fonctionne votre mécanisme de succès afin de vous prouver une bonne fois pour toute que la plus significative de toutes les décisions de votre vie, sera la définition de vos objectifs et de vos idéaux.

Vous n'êtes pas une machine. Mais les découvertes les plus récentes sur le cerveau arrivent toutes à ces conclusions : Votre cerveau et votre système nerveux constituent un servomécanisme dont " vous " vous servez et qui fonctionne à l'image d'un ordinateur électronique et d'un système mécanique à tête chercheuse. Votre cerveau et votre système nerveux constituent un mécanisme orienté vers un but encore faudrait - il que vous en ayez un, et qui fonctionne automatiquement pour y parvenir à l'image d'une torpille autonome ou d'un missile cherchant sa cible et orientant sa trajectoire vers elle. Votre servomécanisme interne fonctionne à la fois en " système de guidage " vous dirigeant automatiquement vers un but précis, vous faisant réagir correctement à l'environnement ; et aussi comme "un cerveau électronique " qui peut fonctionner automatiquement pour résoudre des problèmes, vous fournir les réponses nécessaires, et vous inspirer des idées nouvelles. Je finirais cette partie en expliquant le sens du mot " cybernétique " qui est dérivé du mot grec signifiant littéralement "le pilote" automatique et de " servomécanisme " qui veut dire conçu de telle manière qu'il se dirige automatiquement vers un but, un objectif, une cible, ou une " réponse ".

Alors à présent voyons voir comment se fixer un objectif.

Plusieurs techniques existent pour se fixer un but, la plupart tel que le S.M.A.R.T que je vous présenterai plus bas se trouvent dans tous les bons livres de développement personnel et de business, mais ici nous parlerons d'idéal, nous allons donc voir les deux approches qui prennent en compte vos talents naturels, votre épanouissement, votre mission de vie, votre vocation, votre contribution envers autrui et surtout votre bien être et celui de votre entourage.

Deux méthodes pour se fixer un objectif ?

Méthode 1 : A la recherche de son DHARMA

La philosophie orientale veut que chaque individu sur terre ait un dharma, en d'autres termes un but spirituel par lequel il contribue au bien de l'humanité. Un service ou un don qui apportera sa pierre à l'édifice quant à l'élévation de la race humaine. Chaque personne étant unique par son paradigme unique, fait au moins une ou plusieurs choses, non seulement d'une manière unique, mais de la manière la plus parfaite, la plus plaisante. Cette chose que l'on fait mieux que n'importe qui est liée à notre existence même et est toujours une occupation qui utilise nos talents naturels et pas ceux que nous avons développé par un apprentissage soutenu. Nous sentons alors un épanouissement sans fin, et une motivation qui dépasse notre entendement. La question ici est comment trouver cette vocation qui apparemment est enfoui en nous et n'attend qu'à être révélée ?

Seule une introspection intentionnelle et maîtrisée mène à la découverte de cette qualité de vision, entre autres la méditation ou bien cette pratique communément appelée entrer dans le silence. Mais une fois que nous sommes connectés à notre source, nous pouvons nous attendre à ce qui pourrait ressembler à des miracles. Car, s'ouvrent alors les vannes de satisfactions et notre vie est remplie de succès, de réalisation et surtout le plaisir d'appartenir et de contribuer à une plus grande cause que notre seul être.

Cette technique consiste à se fixer un plage horaire journalier d'une heure, heure à laquelle nous nous retirons dans un coin isolé de toutes influences externe tels que la télévision, la radio, le téléphone portable, les revues ou toute autre distraction. Nous nous mettons alors dans un silence le plus total et sans risque d'interruption tout au long de l'heure. Et nous nous munissons d'une feuille vierge et d'un stylo.

Et enfin nous notons sur un papier ces deux questions suivantes :

1 : Que ferais-je pour remplir mes journées, si l'argent n'était pas un enjeu ?
2 : Quelle occupation professionnelle choisirais-je si j'avais la lampe d'Aladin et que mes vœux sont exaucés d'avance ?

De là, laissez-vous aller à vos fantasmes. Ne vous censurez surtout pas. Aucune idée n'est farfelue. Chargez-vous de pensées dynamiques. Notez tout ce qui vous passe par la tête vous aurez largement le temps de faire le tri chemin faisant. Faites cet exercice tous les jours pendant une heure, toute la semaine puis tout le mois. Vous aurez au compteur 7 heures par semaine, vingt et huit heures par mois et trois cent trente et six heures l'année où vous cherchez à connaître votre propre Dharma autrement dit, le service par lequel vous allez vous accomplir au-delà de vos rêves les plus fous, et en parallèle contribuer à rendre le monde meilleur. Cet exercice vous permettra non seulement de dompter votre volonté, mais aussi de stimuler votre imagination et surtout d'ancrer dans votre subconscient qui rappelons-le est le seul créateur qui soit, que votre démarche est authentique et qu'il doit se mettre au travail pour réaliser votre objectif. Croyez-moi, il va s'en charger de la manière la plus pertinente. Je vous préviens, la plupart de ses idées seront inutilisables, voir vont vous sembler ridicules quelques jours plus tard. Mais souvenez-vous qu'une seule bonne idée fera la différence, car il ne vous faut qu'une idée pour vous mettre en marche vers la réussite. Souvenez-vous bien de cette phrase de Napoléon Hill et qu'elle vous accompagne tout au long de votre démarche de recherche d'idées : " tout ce que l'homme peut concevoir dans son esprit, l'homme peut le manifester dans sa réalité car l'imagination est l'atelier de la création et de l'invention ". Continuez alors votre exercice journalier jusqu'à ce qu'une idée prenne le dessus. Vous verrez, ça va jaillir de votre cerveau pour vous confirmer des choses que vous saviez déjà dans votre subconscient. De là, vous venez de découvrir votre Dharma ou votre mission de vie. Par cette seule étape vous venez de vous élever au-dessus de la moyenne car souvenez-vous, 95% de la population n'a pas d'objectif.

Méthode 2 : La méthode PAMIVOM (Passion - Mission - Vocation - Métier)

Je conseil cette deuxième méthode aux personnes de nature cartésienne ou qui se veulent pragmatique. PAMIVOM n'est rien d'autre qu'un acronyme des mots Passion, Mission, Vocation et Métier. Cette technique est dérivée de la méthode japonaise « IKIGAI » qui se traduit par «la raison d'être », la « joie de vivre » ou encore «la raison de se réveiller chaque matin ». Au Japon, le mot est souvent utilisé pour parler d'une **passion intense** qui nous aide à **trouver du sens** dans ce qu'on fait. Bref, avoir un BUT dans la vie.

Ici, vous allez prendre un papier que vous allez diviser en quatre parties. Puis nommez les suivant ces quatre mots et dans cet ordre : **Passion - Mission - Vocation - Métier**

1 : Passion : Dans cette partie notez tout ce en quoi vous êtes bon. Même les choses sans rapport ou les plus insignifiants. Tout ce que vous faites naturellement bien. Ne pensez à rien d'autre, à aucune finalité. Si c'est la compassion, notez-le sur votre colonne. Si c'est dessiner ou encore écrire mentionner le dans votre liste. Tout votre univers de compétences naturelles doit y figurer.

2 : Mission : Dans cette colonne, notez ce que vous aimez faire. Relevez dans votre première colonne les choses que faites non seulement naturellement bien, mais que vous aimez faire et reportez les dans cette deuxième colonne. Et là, vous vous retrouvez systématiquement avec des choses que vous faites bien et que vous aimez aussi faire. Si vous avez bien fait votre travaille, vous avez évité de vous censurer.

3 : Vocation : Dans cette troisième colonne, votre travaille d'entonnoir a dû réduire le contenu se trouvant dans les colonnes précédentes, et qu'à ce stade, vous n'avez plus que des choses que vous faites non seulement bien naturellement, mais que vous aimez faire par-dessus tout. Sélectionnez à présent parmi les éléments de la seconde colonne, les choses qui pourraient bénéficier l'humanité autrement dit qui pourraient améliorer la condition d'une ou de plusieurs personnes ou qui pourraient répondre à un besoin ou à une problématique.

4 : Métier : Dans cette quatrième colonne, il s'agira de « packager » votre vivier de passion - mission - vocation, de sorte d'en faire un produit, un service, une occupation. Ce sera ça votre métier pour lequel vous serez payé. Quand vous aurez fini ce travaille de tri, une occupation facilement monétisable doit sortir du lot. De là, vous pouvez entamer votre réflexion et peaufiner le concept chemin faisant pour aboutir à la découverte de la mission de votre vie. Vous verrez c'est très passionnant.

Le plaisir qu'on a en pratiquant le PAMIVOM peut être si fort qu'on en oublie la notion du temps. Et tout ce qui nous entoure. La **source de motivation** que votre PAMIVOM vous apporte vous aide à déplacer des montagnes pour atteindre un objectif.

Si vous deviez abandonner votre PAMIVOM, ça serait comme perdre une partie de vous ou vivre une grosse rupture amoureuse. Abandonner votre véritable voie parce que quelqu'un d'autre ou quelque chose vous y oblige serait douloureux. C'est ce qui explique la **connexion puissante** qui vous relie à votre

PAMIVOM. Ce n'est pas juste un hobby que vous aimez faire, il fait partie de votre identité. Lorsque vous pratiquez le test PAMIVOM, vous avez l'impression de faire quelque chose d'unique, que vous seul pouvez faire.

Bien qu'il puisse être réalisé en poursuivant un but spécifique, une ambition ou un rêve, vous pouvez trouver votre PAMIVOM dans des activités plus simples. Par exemple, certains le trouvent en s'occupant de leur famille. D'autres en pratiquant un sport ou un art. Il n'y a pas un PAMIVOM meilleur qu'un autre. Il existe une quantité illimitée de possibilités différentes.

Le principe fondamental d'un véritable PAMIVOM est qu'**il vous aide à développer votre potentiel** et enrichit votre propre vie. Mais il améliore aussi la vie de votre entourage. Il s'agit donc de trouver quelque chose que nous aimons faire en développant nos talents tout en apportant de la valeur aux autres.

La question à ce stade est : *qu'est-ce que vous aimez faire qui procure de la valeur aux autres ?*

Le PAMIVOM nous pose un défi personnel, sans aucune pression, afin que nous puissions nous améliorer avec le temps.

A présent nous allons formaliser notre objectif, lui donner force et vie afin de pouvoir donner une direction à notre " servomécanisme " pour la réalisation de notre objectif par la médiation de la visualisation et de l'autosuggestion. Mais avant cela je vais vous suggérer un plan d'action pour vous aider à structurer cette importante étape qu'est la définition de vos objectifs.

PLAN D'ACTION

Voici une ligne d'action de 21 jours pour imprimer votre nouvelle vision dans votre inconscient et mettre à l'épreuve ce que vous avez appris avec ce quatrième principe qu'est la part de la définition d'objectif dans votre démarche de créer une vie sur mesure. Je vais alors vous proposer un test de 21 jours. Ce test n'est rien d'autre que celui qu'à suggérer Napoléon Hill et ensuite repris par Earl Nightingale. Donc autant vous dire qu'il faudra l'appliquer rigoureusement si vous voulez voir apparaître les changements que vous souhaitez dans votre vie. Ce plan d'action vous permettra d'entretenir un désir ardent qui est une condition sine qua non pour votre réussite. Car sans ce désir, votre objectif est comme un château de cartes qui s'écroule à la moindre secousse. Prenez un carnet, un bout de papier ou une carte et procéder comme suit :

1 : Déterminez dans votre tête exactement l'objectif que vous voulez voir se manifester dans votre vie. Il ne suffit pas seulement de dire je veux réussir ou je veux du succès. Fixez votre objectif avec précision.

2 : Notez en quoi consiste l'activité, avec le plus de détails possibles. A ce stade, une image claire de l'activité pouvant mener à la réalisation de votre idéal doit être nette dans votre imagination. Traduisez-la sur le papier pour lui donner vie. Précisez nettement ce que vous comptez donner en échange car sachez qu'on n'a jamais rien pour rien.

3 : Fixez clairement la date à laquelle vous voulez voir votre objectif se concrétiser

4 : Etablissez un plan rigoureux pour réaliser votre désir et commencez immédiatement, que vous soyez prêt ou non, à le mettre en œuvre. N'attendez pas d'avoir un plan révolutionnaire, commencez là où vous êtes et perfectionnez le plan chemin faisant.

5 : Maintenant rédigez sur le papier, avec clarté et concision, l'objectif que vous voulez atteindre, ce que vous comptez donner et en quoi consiste l'activité. Fixez-vous une limite pour l'acquérir et décrivez clairement les plans dont vous disposez à ce jour pour manifester votre idéal et les étapes du plan que vous comptez suivre.

6 : Lisez à haute voix ce que vous avez couché sur papier, deux fois par jour. Faites-le avant d'aller vous coucher le soir et une fois le lendemain au réveil. Quand vous procédez à cette lecture, imaginez que vous êtes déjà en possession de l'objet, situation, circonstances ou conditions désiré, et soyez en persuadé.

D'après Napoléon Hill, il est impératif de suivre ces instructions à la lettre. Peut-être il vous sera difficile de vous imaginer d'être en possession de votre souhait avant de l'avoir vraiment. C'est là que le désir brûlant de réaliser votre idéal vous viendra en aide. Si votre désir est d'une telle intensité, alors croyez-moi vous n'aurez aucune difficulté à vous convaincre que vous l'obtiendrez. Souvenez-vous, le but ici et de donner une direction à votre subconscient pour qu'il travaille pour vous de manière automatique comme nous le verrons dans le chapitre suivant.

S'il vous arrive de sauter un jour, recommencez à zéro car ce n'est pas pour rien que je vous suggère ce test pour 21 jours et voilà pourquoi :

Les psychologues ont démontré qu'il faut entre 21 et 66 jours sans interruption pour acquérir peu à peu une nouvelle habitude. Ce ne sont que des chiffres qui nous donnent une simple tendance bien entendu car tout dépend du contexte, de la personne et de l'environnement. Cependant, une récente étude démontre que les habitudes, surtout quand elles sont contraignantes mais nécessaires, comme un régime sévère prescrit pour des raisons médicales, demandent 21 jours pour devenir automatiques et 66 jours pour devenir naturelles et parfaitement intégrées. La barre des 21 jours reste un cap suffisant quand vous voulez vraiment établir de nouvelles habitudes comme celle de transmettre votre objectif à votre subconscient.

Définissez des objectifs S.M.A.R.T

L'acronyme S.M.A.R.T. signifie spécifique, mesurable, atteignable, réaliste et pouvant être défini dans le temps. J'ai rajouté cette petite partie, pour vous aider à rester réaliste tout de même en établissement vos objectifs. Ils doivent strictement respecter les conditions de cet outil de mesure tout en ne vous censurant pas.

S comme Spécifique : Un objectif doit absolument être spécifique. Plus vous maitrisez les détails, plus votre image mentale est nette, plus votre subconscient saura de quoi ça retourne pour se mettre en marche. Les objectifs ambigus produisent des résultats ambigus. Les objectifs incomplets produisent des résultats inachevés incomplets.

M comme Mesurable : Fixez-vous toujours des objectifs mesurables. Je dirais « spécifiquement mesurable » pour prendre en compte notre principe de spécificité. Vous devez être en mesure de vous rendre compte clairement à quelle hauteur se situe votre projet. Ce qui a été accompli, et ce qui reste à faire. A quelle distance vous vous situez par rapport à votre but.

A comme Atteignable : L'une des choses préjudiciables que beaucoup de gens font, avec de bonnes intentions, est de fixer des objectifs si ambitieux qu'ils sont inaccessibles. Ici, votre bon sens sera votre meilleur allié. N'ambitionnez que des choses qui sont scientifiques justes et humainement possible. Avancez aussi par étape. Si vous projetez de devenir le futur président de la république, commencez d'abord par briguer un poste de conseiller municipal ou à la limite créer une partie. Après vous pouvez commencer à graver les échelons.

R comme Réaliste : Le mot racine de réaliste est « réel ». Un objectif doit être quelque chose que nous pouvons raisonnablement rendre « réel » ou une « réalité » dans nos vies. Certains objectifs ne sont tout simplement pas réalistes. Même s'il s'agit d'un objectif extrêmement ambitieux, vous devez être en mesure de dire qu'en effet, c'est tout à fait réaliste, vous pouvez le réaliser. Vous devrez peut-être même dire qu'il faudra x, y et z pour le faire, mais si cela se produit, cela peut être fait. Cela ne veut en aucun cas dire que vous ne devrez pas poursuivre des objectifs ambitieux, du moment qu'il est réaliste.

T comme défini dans le Temps : Tout objectif devrait avoir un calendrier. L'un des aspects puissants d'un grand objectif est qu'il a une fin, un temps dans lequel vous comptez le réaliser. Sur ce laps temps, vous travaillez dessus parce que vous ne voulez pas prendre du retard, et vous travaillez avec diligence parce que vous voulez respecter les délais. N'hésitez d'ailleurs pas à scinder votre objectif en différentes parties pour un suivi plus aisé – ça peut être très efficace. Dans ce cas, fixez-vous des objectifs plus petits et traitez-les à votre rythme. Un objectif pertinent doit avoir une chronologie.

Maintenant que nous connaissons l'importance de la définition d'objectif dans notre intention de créer une vie sur mesure selon nos aspirations, voyons voir comment combattre nos vieux démons et surtout comment incorporer notre nouvelle vision dans notre attitude de tous les jours. Le prochain chapitre va vraiment vous plaire, car enfin nous allons voir comment l'homme peut réaliser tout ce qu'il parvient à imaginer dans son monde mental.

PRINCIPE N° 5 : LE POUVOIR DE LA VISUALISATION CREATRICE, DE L'AUTOSUGGESTION ET DES AFFIRMATIONS

« Infinie est la créativité de chaque instant de votre vie, Infinie la richesse de l'univers. Exprimez vos désirs clairement et vos souhaits ne peuvent qu'être exaucés. »

Shakti GAWAIN

Si vous avez bien suivi ce que nous nous essayons de vous inculquer depuis les premières lignes de ce livre, vous devez savoir à présent qu'avoir un objectif est le premier pas vers son accomplissement. A ce stade, une image précise du résultat que vous cherchez à manifester doit être aussi claire que les lignes que vous êtes en train de lire. Dès lors, l'attente sera le catalyseur qui vous permettra d'attirer tout ce dont vous pouvez vous fixer comme idéal. Notez bien cependant les informations qui suivent. Vous n'obtiendrez jamais la réalisation de votre idéal dans le monde tangible tant que vous ne vous faites pas mentalement une image précise de celui-ci. L'homme est la seule créature qui soit en même temps un créateur. Grâce à son imagination il peut définir une gamme variée de buts. En exerçant son imagination, ou par sa facilité à imaginer, l'homme peut diriger son mécanisme de succès.

" Vous devenez ce que pensez " nous disait James Allen. Votre réalité, votre condition et les circonstances de votre vie ne sont que le reflet de vos pensées prédominantes. Autrement dit, l'image mentale que vous entretenez va se cristalliser en réalité tangible. Conservez bien cette notion quelque part dans un coin de votre esprit.

Pour être serein et détendu, accroître sa vitalité, améliorer sa santé, développer sa créativité, nouer des relations humaines enrichissantes, acquérir des habitudes positives, réussir sa vie professionnelle, sociale, amoureuse et bien d'autres aptitudes de croissance, la technique la plus puissante qui existe pour soutenir votre idéal est la visualisation. Alors quand vous accompagnerez cette imagination avec de l'autosuggestion et des affirmations, vous viendrez à bout des blocages qui empêchent la réalisation de vos désirs afin de dévoiler les aptitudes insoupçonnées qui sommeillent en vous. Vous apprendrez à éveiller l'immense potentiel de réussite et de joie de vivre enfoui en vous. " L'imagination créatrice " est trop souvent attribuée exclusivement aux poètes, aux inventeurs, ou à ceux qui leur ressemblent. Mais l'imagination est créatrice dans tout ce que l'on fait. De tout le temps les philosophes aussi bien que les hommes d'action ont reconnu ce principe et l'ont utilisé, instinctivement certes. " L'imagination gouverne le monde " dit Napoléon. L'imagination, de toutes les facultés humaines, est ce qui est le plus ressemblant à Dieu, dit Glen Clark.

Le pouvoir de la visualisation va de pair avec la loi de l'attraction. L'idée est de visualiser une image dans votre tête. Par une visualisation cohérente de cette image, elle vous attirera. Vous le faites déjà, probablement sans vous en rendre compte ! Chaque fois que vous vous concentrez sur ce qui pourrait mal tourner, les choses iront mal et serviront à renforcer une tendance à se concentrer sur ce qui pourrait mal tourner… parce que cela a déjà été fait à maintes reprises ! Mais vous pouvez aussi utiliser cet immense pouvoir créatif et l'utiliser à votre avantage. En gardant à l'esprit l'idée de ce que vous voulez, vous aurez plus de chances de faire ce qu'il faut pour que ce rêve devienne réalité. Vous serez également plus sensible aux opportunités et aux bonnes personnes lorsque vous donnerez à votre esprit une commande visuelle puissante.

Vous avez peut-être entendu des gens dire : « Je ne peux pas imaginer (parcourir 10 kilomètres à vélo, jouer sur scène, peindre une peinture murale, etc.). Ils ne vont jamais, jamais, atteindre ces objectifs parce qu'ils ne sont pas capables de s'imaginer les réaliser.

Tout ce qui a été créé ou réalisé a d'abord commencé comme une idée dans l'esprit de quelqu'un. Habituellement, en réponse à un besoin ou à un désir, une idée s'est installée et la personne a commencé à concentrer son énergie mentale sur elle. L'idée s'est construite sur elle-même lorsque l'énergie mentale s'est infusée d'émotions. Cela a créé un désir énorme et l'esprit de la personne a sombré dans l'optique de trouver des moyens d'associer la vision à la réalité physique.

Des idées de « comment » et de « quand » ont été générées sur la base de cette visualisation initiale… et de cette boule de neige jusqu'à… la chaise sur laquelle vous êtes assis a été conçue ; le clavier de votre ordinateur a été conçu et construit

Chaque idée que vous mettez sur papier ou que vous lisez contient une réalité mentale composée d'images, de sentiments, d'expériences sensorielles imaginaires, etc. En fait, votre esprit crée actuellement des images basées sur ce que vous lisez ici. En ce moment, vous visualisez !

Comment fonctionne donc la visualisation créatrice ?

La visualisation créatrice ou l'expérience synthétique est la technique qui utilise l'imagination, autrement dit l'imagerie mentale afin de réaliser ses désirs. Cette technique est loin d'être nouvelle, inédite ou même insolite car vous et moi l'utilisons à chaque instant de notre existence même si pour beaucoup d'entre nous, de manière inconsciente. C'est la puissance naturelle de l'imagination, l'énergie créatrice fondamentale de l'intelligence universelle ou comme dirait un physicien quantique le champ de tous les possibles. Nos expériences ou interprétations négatives sur la vie et une contemplation continue du pôle négatif et ceci via nos interactions au quotidien, nous ont fait attendre et imaginer, inconsciemment et surtout automatiquement, des limitations de toute sorte, des lacunes, difficultés, et autres problèmes comme étant notre lot quotidien. Une certaine normalité. Sachez dès à présent, que nous les avons plus ou moins fabriqués nous-même de toutes pièces. Mais ce chapitre vous apprendra comment enfin utiliser cette formidable puissance d'imagination innée de manière consciente vous donnant ainsi un moyen scientifique pour créer tout ce que vous désirez vraiment : *amour, plénitude, joie, harmonie intérieure, relations satisfaisantes, santé, beauté, prospérité, expressions de soi, créativité…* La visualisation créatrice vous ouvrira les portes de la générosité et de l'abondance naturelle et illimitée de la vie.

Comme annoncé plus haut, l'imagination est votre aptitude à créer dans votre esprit une idée ou une image mentale, ce que nous faisons en réalité tous les instants de notre vie. Cependant dans le cas de la visualisation créatrice, votre imagination vous permet de créer une image précise de ce que vous souhaitez voir se produire, puis de porter votre attention régulièrement sur cette image ou idée afin d'en imprégner votre subconscient et à créer de nouveaux types de réflexes automatiques ou de nouvelles connexions neuronales, lui fournissant ainsi une énergie positive jusqu'à sa manifestation tangible dans le monde objectif en d'autres termes, jusqu'à ce que vous accomplissiez réellement ce que vous avez visualisé. Votre objectif peut se situer à n'importe quel plan que vous voulez voir croître : intellectuel, charnel, matériel ou spirituel. Vous pouvez vous imaginer avec le travail de vos rêves, votre maison idéale, ou vivant des relations harmonieuses avec le partenaire de vos fantasmes, ou encore jouissant d'une santé parfaite avec une vitalité débordante ou tout simplement avec la silhouette idéale. Vous pouvez également vous voir avec une confiance illimitée et un charisme de leader ou tout bonnement rayonnant de bonheur et d'amour. Les possibilités sont infinies. Quel que soit le plan sur lequel porte votre démarche, vous obtiendrez des résultats. Mais ceci se fera selon votre niveau de maîtrise de la méthode, votre constance et votre dévouement.

Prenons en guise d'exemple : Vous voulez acquérir un certain caractère ou une attitude, détendez-vous en vous relaxant, essayez de vous mettre dans un état alpha c'est à dire un état profondément serein et méditatif, imaginez mentalement que vous êtes doté des qualités que vous cherchez à acquérir. Dans cette mise en scène, ne vous censurez surtout pas mais explorez tout ce qui représente pour vous ces traits de caractère, voyez vos proches vous congratuler et vos amis vous féliciter, ressentez les émotions et sentiments que ça procure chez vous, sentez les parfums et entendez les voix tout autour, il faut que votre imagination soit le plus vivide possible. Ayez l'impression que votre image se passe réellement dans le présent et vivez- la comme si elle était déjà réalisée. Renouvelez souvent ce petit exercice facile environ deux à trois fois par jour par exemple au réveil, en milieu de journée et le soir avant de se coucher. Si votre désir est sincère et votre intention authentique, alors vous remarquerez que votre mentalité, attitude et personnalité ont changé car vous le sentirez vous-même et votre entourage vous le confirmera. Inutile de préciser que cette technique ne peut en aucun cas vous servir de moyen de contrôle sur le comportement d'autrui, car la visualisation sert à travailler avec notre subconscient et seulement à la réalisation de soi et de devenir la meilleure version de nous-même.

La visualisation scientifique ou créatrice, n'a rien à voir avec une croyance métaphysique ou spirituelle, il ne requiert pas non plus d'avoir foi en une quelconque force extérieure à vous-même. Il suffit tout simplement d'avoir une ouverture d'esprit, la connaissance de cette loi psychologique de l'imagerie mentale et surtout être bien disposé à essayer une pratique nouvelle. Vous jugerez vous-même de la pertinence de votre nouvelle connaissance une fois l'avoir expérimenté. Pour ceux qui auront choisi car croyez-moi, je vois déjà d'ici perdre une partie de mes chers lecteurs qui auront décidé que ça n'a aucun sens. Mais pour vous, continuez à pratiquer et à développer votre technique pour vous l'approprier, et très vite les changements que vous connaîtrez dans votre vie dépasseront certainement tout ce dont vous avez rêvé car la visualisation créatrice est " magique " dans le sens le plus authentique et le plus élevé du terme. Car nous nous mettons alors en harmonie avec les puissantes lois de l'univers et les utiliserons de la façon la plus consciente et la plus créative mais comme promis en début du livre, inutile de rentrer dans des considérations métaphysiques pour une bonne application du principe.

Laissez-moi maintenant vous expliquer le processus d'application de la visualisation : Les effets de notre nouvelle pratique ne se produisent pas de façon superficielle, sur la seule base d'une " pensée positive ". Il va impliquer exploration, la découverte et la modification de nos attitudes les plus fondamentales envers la vie. C'est pourquoi la pratique de la visualisation créatrice peut déboucher sur un processus de croissance profonde et significative. Et au cours de ce processus, nous découvrons au fur et à mesure les domaines dans lesquels nous sommes limités à cause de nos peurs et de notre attitude mentale négative à l'égard de la vie, et seulement alors la pratique de la visualisation peut entamer l'élimination des blocages et nous permettre de retrouver et de vivre notre état naturel de bonheur, d'harmonie, d'abondance, d'amour et de joie. Au départ, vous devez pratiquer ces séances de visualisation à des moments particuliers et dans des buts précis. Lorsque vous vous serez habitués à la pratique et que vous aurez pris confiance dans les résultats qu'elle apporte, vous verrez qu'elle devient partie intégrante de votre processus de pensée, un état de conscience naturel dans lequel vous savez que vous êtes constamment créateur de votre réalité. Avant d'aller plus loin, je me permets de vous suggérer quelques ingrédients pour rendre vos visualisations plus puissantes :

4 INGREDIENTS POUR RENDRE VOS VISUALISATIONS PUISSANTES

1 - ÊTRE AMOUREUX DE CE QUE VOUS FAITES

Vous n'obtiendrez pas de résultats positifs si vous n'êtes pas vraiment excité par ce que vous désirez. Vos émotions sont la force motrice de votre visualisation ! Ne soyez pas humble à ce sujet. Donnez votre passion à vos objectifs. Mais… ne devenez pas trop attaché au résultat, car quelque chose encore meilleur pourrait se manifester de manière inattendue !

2 - VISUALISEZ SOUVENT ET INTENSEMENT, POUR DE COURTES DUREES

Si vous pouvez conserver votre image pendant à peine une demi-minute, vous créez une attraction puissante. (C'est très difficile de tenir une longue visualisation de qualité sauf si vous êtes un méditant expérimenter capable d'arrêter le bavardage mental). Visualisez souvent et développez progressivement des visualisations plus longues et plus détaillées.

3 - RENDEZ VOTRE IMAGE AUSSI DETAILLEE QUE POSSIBLE

Être trop vague va vous donner des résultats vagues. C'est bien d'être précis avec ce que vous voulez ! J'ose espérer qu'à ce stade de lecture, vous avez déjà une nette image de ce que vous voulez. La répétition étant la clé pour enfoncer des concepts dans notre cerveau, vous pouvez compter sur moi pour ça, car j'ai bien l'intention d'ici la fin du livre, de répéter régulièrement et à plusieurs endroits, la plupart de ces éléments essentiels pour notre étude.

4 - CROIRE

Ne vous faites pression en aucun cas pour y croire, ceci est essentiel, Surtout si c'est un rêve qui vous dépasse. Prenez tout simplement l'attitude d'un enfant qui joue. Les enfants croient à 100% aux monstres sous le lit. Ils croient aussi à 100% qu'ils sont des princesses ou des pirates. Amusez-vous tout simplement avec votre image, et pendant que vous y êtes, plongez-vous dedans et croyez-y. Lorsque vous ne visualisez pas et que vous avez le moindre doute, OUBLIEZ de penser à votre rêve. Laissez-le pénétrer d'abord via votre imagination.

La règle est simple : tout ce que vous pouvez concevoir, vous pouvez le réaliser. Suivez les étapes ci-dessus et vous découvrirez des moyens incroyables de réaliser vos rêves.

Parlons à présent des affirmations. Qu'est-ce qu'une affirmation ?

Les affirmations sont un des éléments les plus importants en visualisation créatrice. Affirmer signifie étymologiquement " rendre ferme ". Une affirmation est une déclaration énergique, positive que quelque chose que nous cherchons à réaliser est *déjà ainsi.* C'est un moyen de raffermir ce que vous visualisez. Vous êtes certainement conscients du " dialogue " intérieur presque incessant : votre esprit est occupé à se " parler " à lui-même, engagé dans une discussion sans fin sur les éléments de votre vie, le monde, vos sentiments et émotions, vos problèmes, les autres etc....

Notez que les idées et les mots qui traversent votre esprit sont très importants. Nous ne sommes généralement pas conscients de leur flot. Les scientifiques nous disent que nous avons environs 65000 pensées par jour et ne sommes conscients que 5% de ses pensées. Pourtant ce " bavardage " intérieur est la base même de notre expérience de la réalité. Notre commentaire mental influence et impacte nos sentiments mais surtout notre perception des événements de notre quotidien et ce sont ces pensées continues qui finalement attirent et créent tout ce qui nous arrive. Tous ceux qui ont cherché à apaiser cette " conversation mentale" lors de leur expérience de méditation savent à quel point il est difficile d'arrêter leur flux. D'ailleurs une des techniques de méditation la plus répandue est celle où nous observons tout simplement ce dialogue intérieur sans chercher à intervenir. Cette méditation permet de connaître la nature de nos pensées prédominantes et par la technique des affirmations, remplacer tout bavardages intérieurs désuets, obsolètes ou négatifs par des idées ou déclarations plus positives. Cette technique puissante peut donc transformer nos attitudes et attentes, et en un rien de temps le cours de notre existence prend un autre cap, et cette fois ci en notre faveur.

On peut pratiquer les affirmations silencieusement ou à haute voix, on peut également les écrire. Une dizaine de minutes par jour d'affirmations efficaces peut suffire à contrebalancer des années d'habitudes mentales erronées. Alors qu'est-ce qu'une affirmation efficace ?

Laissez-moi vous proposer 7 éléments indispensables pour rendre vos affirmations efficaces.

1. Formulez vos affirmations toujours dans le présent, jamais dans le futur. Il est impératif de considérer que c'est un fait déjà accompli dans votre réalité. Ne dites pas : " je vais être saint, fort, harmonieux et heureux " mais plutôt " je suis saint, fort, harmonieux et heureux ". Ce n'est pas vous abuser vous-même, c'est reconnaître ce principe psychologique pour ne pas dire métaphysique que tout se crée dans un premier temps sur le plan mental avant de se concrétiser en tant que réalité objective.

2. Formulez vos affirmations avec assurance et fermeté. Déclarez ce que vous voulez et non ce que vous ne voulez pas. " je ne veux plus fumer " n'est pas dynamique car cette déclaration contient une négation que le subconscient ne reconnaît pas. Dites tout simplement " je suis en bonne forme maintenant que j'ai arrêté de fumer ". Ainsi, vous êtes certains de créer une image mentale positive de votre déclaration.

3. Formulez vos affirmations de la manière la plus courte, la plus simple et la plus directe pour les rendre efficaces. Une affirmation doit être claire, précise et chargée d'un sentiment fort. Plus

l'émotion associée à votre déclaration est profonde, plus celle-ci s'imprime dans votre esprit. Les affirmations complexes et longues perdent leur impact émotionnel car elles deviennent de vraies « acrobaties mentales ».

4. Choisissez toujours des affirmations en phase avec votre personnalité et en accord avec votre problématique. Les affirmations empruntées sont impersonnelles et inefficaces. Ce qui marche pour votre voisin ne marche pas forcément pour vous. Si vous ne vous sentez pas positif, libéré et dans une attente positive, l'impact de votre affirmation est faible. Personnalisez-la jusqu'à ce qu'elle soit convenable.

5. Vos affirmations ne visent pas à renier ou à essayer de changer vos sentiments ou vos émotions. Il est important de les accepter de et de les vivre sans essayer de les modifier y compris les sentiment prétendus négatifs. Vos affirmations s'occuperont de cette tâche quand votre subconscient aura accepté cette nouvelle réalité que vous vous déclarez.

6. Lorsque vous utilisez des affirmations, mettez-vous purement en mode mentale. Aucune autre réalité ne doit être vraie que celle que vous vous déclarez. Essayez d'y croire autant que possible avec un fort sentiment qu'elles peuvent aboutir. Accordez toute votre énergie à vos affirmations aussi

bien mentale qu'- émotionnelle. Ce qui nous mène au point 7 et un des plus cruciale.

7. Votre affirmation doit absolument contenir ces trois éléments suivants : Une phrase simple et positive, une image mentale positive représentant le résultat de votre déclaration dans un scénario se jouant dans le présent comme un fait accompli. Vous devez aussi ressentir toutes les émotions et sentiments tel que vous le ressentirez à la réalisation de votre souhait. Ceci implique tous les sens : Voyez, ressentez, touchez, entendez. Donc en conclusion la **parole** doit accompagner l'**image mentale** et soutenue par des **sentiments** et des **émotions**. Voici le trio gagnant de la visualisation créatrice.

En guise de conclusion, je tiens à préciser qu'avant même ces éléments précités, il existe une condition sine qua non dont dépendra le succès de votre visualisation créatrice. Cette condition c'est l'intention. Une intention claire doit absolument contenir ces trois qualités :

1. **Le Désir** : Vous devez avoir un désir sincère et ardent d'obtenir ou de créer ce que vous avez décidé de visualiser. Il ne s'agit pas tant d'une obsession ou d'un entêtement borné, mais plutôt d'un sentiment clair et solide de votre but. Votre réponse à la question pourquoi pourra vous guider quant à la qualité de votre désir.

2. **La confiance** : Vous devez avoir une confiance et une compréhension aussi bien intellectuelle qu'émotionnelle non seulement du principe créateur de la visualisation, mais aussi en votre objectif et en la possibilité de l'atteindre. Cette condition est indispensable quant à la manifestation de votre visualisation. Une affirmation continue dans ce sens peut corriger vos éventuels doutes.

3. **L'acceptation** : Vous devez être prêt à accepter et à recevoir ce que vous recherchez. Nous poursuivons parfois des buts que nous rejetons pourtant inconsciemment. Prenons l'exemple de l'argent, beaucoup de personnes ont gravés dans leur inconscient cette fameuse phrase de la bible qui veut que l'argent soit " la source de tous les maux " et que pour avoir de l'argent, il faut être un escroc ou sans éthique. Ces personnes doivent d'abord se débarrasser de ce blocage en changeant cette vision depuis leur subconscient avant de pouvoir manifester de l'abondance, autrement, même si par hasard ils gagnent au loto, l'argent leur filerait entre les doigts par la force de leur esprit subjectif. Posez-vous la question : est-ce que je veux réellement et sans réserve avoir cela ? Votre réponse sera un bon guide. Dans le chapitre suivant, nous allons voir le pouvoir de l'intention mais aussi de l'attention et de la concentration. Mais avant cela, voici un plan d'action pour vous inciter à démarrer dès aujourd'hui à mettre en place les éléments qui vous permettront de manifester une vie sur mesure.

PLAN D'ACTION

Sachant ce que vous savez à ce stade de lecture, vous avez très certainement décidé d'appliquer ce que vous venez d'apprendre. Pour vous aider à structurer votre démarche, voici quatre étapes fondamentales pour réussir votre visualisation créatrice :

1- Fixez-**vous un but** et ne vous censurez surtout pas. Décidez-vous pour quelque chose que vous aimeriez posséder, réaliser ou créer, pour un objectif que vous aimeriez atteindre à quelque niveau que ce soit : un emploi, une maison, une certaine relation, un changement dans votre personnalité, une aisance matérielle plus grande, une meilleure santé ou condition physique, la beauté, ou n'importe quoi d'autre.

2- **Créez une image mentale** claire de cet objectif. Créez une idée ou une image de votre but ou de la situation qui soit absolument conforme à ce que vous désirez. Pensez-y, au présent, comme si *déjà* cela existait comme vous le voulez. Imaginez-vous maintenant dans la situation telle que vous la souhaitez. Mettez-y autant de détails que possible.

3 - **Concentrez-vous le plus souvent possible sur l'image** de cet objectif atteint. Mettez souvent votre esprit sur l'idée ou l'image mentale, durant les périodes calmes de méditation ou de repos, et aussi de temps à temps durant la journée, lorsque vous y pensez. Elle s'intégrera alors à votre vie, deviendra plus réelle à vos yeux et vous réussirez mieux à la projeter

4- **Nourrissez la d'énergie positive** en ressentant toutes les émotions et sentiments comme si c'était réelle, ce qui sera le cas si vous persistez. Voyez, touchez, entendez et sentez tous les éléments de votre scénario. Prenez du plaisir en vous visualisant accomplir, avoir ou faire selon l'objet de votre désir.

Je m'en vais à présent vous soumettre cet exercice suivant, adaptez-le selon votre personnalité, mais aussi votre disponibilité.

EXERCICE

- Dans un premier temps, installez-vous confortablement, assis ou couché, dans un endroit calme où vous ne risquez pas d'être dérangé. Détendez complètement votre corps, en commençant par les orteils en remontant jusqu'au sommet de votre tête ; pensez à détendre chaque muscle tour à tour, laissant toutes les tensions s'éliminer de votre corps. Respirez profondément et lentement, avec le ventre et comptez à rebours de dix à un en ressentant que votre corps se détend de plus en plus au fur et à mesure que vous comptez.

- Lorsque vous vous sentez profondément relaxé, commencez à imaginer l'objet de votre désir, dans ses moindres détails ; figurez-vous que vous êtes avec cet objet, que vous l'utilisez, l'admirez, l'appréciez, le montrez à vos amis. Placez-vous dans la scène et imaginez que tout se déroule comme vous le souhaitez ; mettez-y même les propos des différents personnages ou tout autre détail pouvant rendre le tableau plus réel. Ici, sachez que plus l'image est réelle, plus des émotions y sont rattachées, plus rapidement votre subconscient va l'accepter et plus vite votre désir se réalisera.

- Vous pouvez imaginer tout cela en un clin d'œil. Quelques minutes suffisent. Soyez relax, détendu, et surtout amusez-vous : cette expérience doit être tout à fait agréable, soyez comme un enfant qui rêve à ses cadeaux d'anniversaire ou de noël. Pour soutenir cette visualisation, tout en gardant à l'esprit l'image ou l'idée, formulez mentalement ou à haute voix une affirmation très positive de votre satisfaction d'avoir obtenu ou réalisé votre désir et ressentez toute la gratitude et la satisfaction d'avoir réussi.

PRINCIPE N° 6 : LE POUVOIR DE L'INTENTION

« Il existe dans l'univers une force incommensurable et indescriptible, Cette force, les chamans l'appellent l'intention, et absolument tout ce qui existe dans l'univers est relié à l'intention. »

Carlos CASTANEDA

Une définition rapide de l'intention pourrait se résumer à cette simple phrase : l'intention est un but ou un dessein clairement affirmé, accompagné de la détermination ferme d'obtenir le résultat désiré. Si mon penchant pour le sujet de l'intention n'était pas aussi démesuré et à juste titre je dois affirmer, je m'en arrêterai là car cette seule phrase permet de comprendre l'impact qu'une intention claire peut réaliser dans l'accomplissement de nos objectifs. Imaginez ce qu'une personne dotée d'une image mentale claire, d'une volonté de fer et d'une attitude de pitbull refusant de laisser quoi que ce soit interférer avec ses désirs pourrait réaliser. Elle pourrait conquérir le monde entier si tel était son désir. Mais comme nous avons déclaré plus haut au sujet de l'intention, elle doit comporter certaines qualités pour être optimum. Nous allons donc essayer de vous orienter afin de vous permettre d'adopter cette puissante qualité pour votre accomplissement personnel.

Parler d'intention, c'est se relier immédiatement à un savoir millénaire, autrefois réservé à quelques initiés et aujourd'hui accessible à tous. Le pouvoir de l'intention est absolument phéno-ménal ! Lorsque vous vivez en accord avec certaines intentions émises qui sont en accord avec qui vous êtes, vous réveillez la magie dans votre vie ! Les intentions vous permettent de donner une direction à votre vie et de décider consciemment de la direction que vous donnez à chacune de vos journées et à chacune de vos nuits. Sans intention précise, vous naviguez à vue. Si vous laissez votre mental vagabonder et décider pour vous, alors vous risquez de mauvaises surprises. Avec des intentions précises chaque jour, vous avez donc les cartes en main et adoptez l'attitude adéquate vous menant telle une boussole à la réalisation de votre objectif. Il y a des choses dont on finit par négliger la beauté ou encore l'importance… Des choses qui sont souvent considérées à mauvais escient comme étant peu importantes, quand elles sont en réalité dotées de la plus grande importance. La force de l'intention est de celles-ci, la **force de l'intention** est de ces choses que l'on néglige quand elle suffirait pourtant, à elle seule à résoudre une multitude de problèmes et de désordres intérieurs. Prendre en considération l'**importance de l'intention**, c'est alors réaliser à quel point il est possible d'accomplir, à peu près, tout ce que l'on souhaite. En réalité, le pouvoir de l'intention réside en nous-mêmes, quand la seule chose que nous ayons à faire consiste à l'activer, au fil de nos envies, de nos souhaits de nos besoins… Si certains adages soulignent à quel point l'homme est capable de tout, sachez qu'ils sont pleinement ancrés dans la vérité. Loin d'être limité, vous êtes, nous sommes tous en mesure de réaliser des multitudes de choses, quand nous parvenons, pour ce faire à canaliser notre énergie vers l'accession de ce but, voilà le champ d'action de l'intention.

Mais alors qu'est-ce qu'une intention ? C'est la volonté précise et structurée de concrétiser une action, d'atteindre un objectif, de réaliser un rêve… Au niveau cérébral, l'intention est contrôlée par certains circuits cérébraux, récemment isolés par des chercheurs.

Une intention n'a rien à voir avec un simple désir ou une attente passive. Désirer partir vivre au Soleil, par exemple, n'a rien à voir avec l'intention de partir vivre au Soleil. Dans une intention, il y a une réelle projection dans l'objectif à atteindre, une puissante force créatrice tendue dans ce but.

Pour qu'une intention soit efficace, elle doit répondre à un certain nombre de critères. Bien entendu, il est tout d'abord nécessaire d'avoir une attitude positive. Vous devez croire profondément que vous atteindrez l'objectif désiré. La conviction est essentielle. Rejetez la pensée de l'échec et chassez la peur. Cultivez la confiance en vous et en la vie. Pratiquez l'autosuggestion. L'intention doit impérativement être claire, positive et créatrice, et doit tendre vers l'objectif final et non vers les moyens de l'atteindre.

L'intention définie devient une expression vivante qui cherche à répondre à la loi d'attraction. Elle fera en sorte d'attirer vers l'être – ou l'être vers – l'objet, le lieu, l'expression même de son intention. Alors, bien sûr, lorsque les intentions ne sont pas émises à partir d'un état d'équilibre énergétique ou de la puissance manifestée par un champ magnétique en expansion, l'individu est attiré par des éléments en relation avec le désir, ou les attire à lui. Même si cela peut, à un premier niveau, vous sembler intéressant, il demeure que le désir naît d'une insatisfaction associée à une forme de blessure. De ce fait, ce qui est attiré est inévitablement en résonance avec cette blessure. Cela a l'avantage de permettre une meilleure compréhension de cette blessure et, bien sûr, d'entraîner une prise de conscience sur le chemin de l'évolution. La souffrance servira alors l'être. Cependant, tout en favorisant une transformation, elle n'est pas nécessaire. D'autres éléments participent à la transformation tout en étant agréables à vivre. L'humain a trop souvent associé la souffrance au processus évolutif et conclut à la nécessité qu'il fallait souffrir pour trouver finalement la joie et le bonheur. Tant et aussi longtemps que les hommes porteront ces croyances, elles se manifesteront ainsi.

Tout d'abord, l'intention est une force que nous portons tous en nous. C'est une potentialité déjà existante dans le champ quantique sur laquelle nous portons notre attention et notre concentration. Dès lors, cette partie de votre cerveau appelé le lobe frontal se met en alerte pour la réalisation de cette intention. Il existe une vérité métaphysique fascinante à son sujet, mais comme promis au début de mon livre, je ne traiterais ici que son aspect pragmatique. N'hésitez pas cependant à pousser vos recherches auprès des spécialistes quand vous aurez réglé vos urgences immédiates. Pour vous aider à activer les magnifiques pouvoirs de l'intention, je dois vous dresser ici une liste des ingrédients qui la compose. Comme c'est dit plus haut, une intention n'est optimale que quand elle est soutenue par un désir ardent, une confiance saine en soi et en ses capacités, une attente positive, mais aussi de la discipline, de la sagesse, d'amour pour ne pas dire passion et enfin telle un missile à tête chercheuse, elle doit être verrouillée avec une attention continue et une concentration exclusive sur l'objet désiré. Voici alors un programme en huit étapes pour réaliser votre intention afin d'exprimer le génie à l'œuvre en vous :

Première étape : **Un désir ardent et sincère**. Comme nous avons dit plus haut, le désir est le point de départ de toute réussite. Il s'avère aussi que c'est le moteur de l'intention. Une intention sans désir échoue avant même de voir le jour. Alors définissons dès lors ce qu'est le désir. Le désir est la tendance qui porte à vouloir obtenir fermement un objet connu ou imaginé. Ici le mot clé est " fermement ". Le désir n'est ni un souhait ni un espoir mais l'état d'esprit qui tourne à une saine obsession, c'est une vision claire de notre objectif, une planification méticuleuse des moyens pour l'obtenir et une persévérance dans l'application de cette planification. Un état d'esprit et une attitude qui nient l'existence de tout échec.

Deuxième étape : **La confiance en soi ou la foi en ses capacités**. L'état émotionnel qu'est la foi est l'un des plus puissant des sentiments positifs majeurs, il est comparable à l'amour, la passion ou la sexualité. C'est un état émotionnel directement lié au subconscient et comme nous l'avons dit aux chapitres précédents, 95% de notre réalité est conditionné par ce même subconscient. La confiance en soi quant à elle, est le premier secret du succès disait Ralph Waldo Emerson. C'est l'une des principales ressources humaines pour réussir à atteindre ses objectifs mais aussi de changer et surtout de choisir la vie que nous voulons mener. C'est une croyance absolue, inébranlable que vous êtes capable de faire quelque chose. Une confiance en soi doit être absolue. Si au fond de vous, vous êtes travaillé par le doute, ou si vous faites simplement mine de croire, ça ne marchera pas car votre subconscient qui est maître à bord saura que vous êtes proie au doute. Si vous n'avez pas une foi absolue en vos capacités, si vous n'êtes pas fermement convaincu, alors vous n'avez pas confiance en vous. Pour corriger cette lacune, reportez-vous au chapitre " Comment développer une confiance en soi illimitée "

Troisième étape : **La discipline**. La discipline est une règle de conduite que l'on s'impose avec une décision ferme de ne s'en écarter sous aucun prétexte. C'est une philosophie de vie que l'on adopte avec une attitude adéquate et des principes pour la soutenir. Une fois que vous avez décidé d'une chose, poursuivez cette décision jusqu'au bout. Voici quelques points pour vous aider dans ce sens. Dans un premier temps trouvez vos points faibles. Dans un second temps améliorer les petit à petit jusqu'à ce que l'habitude vienne les renforcer. Ici la règle est de commencer simple et de perfectionner chemin faisant. Ensuite notez bien vos progrès et n'hésitez pas à vous récompenser symboliquement. Fixez-vous des standards réalisables pour ne pas vous démotiver. Là aussi vous allez les rehausser crescendo. Ici, nous ne parlons pas d'objectif mais de règle de toute une vie. Un autre point important, n'hésitez pas à réajuster votre programme si en cours de route vous vous rendez compte que quelques points que vous avez pu considérer au départ ne sont finalement pas forcément nécessaires.

Quatrième étape : **La passion pour ce que vous faites**. Après avoir mesuré votre désir, dompté votre caractère et étudié avec votre intellect la tâche qui vous attend, vous devez apprendre à aimer ce que vous faites mais surtout ne faire que ce que vous aimez. Vous devez tomber amoureux de votre désir autrement dit de votre occupation. De cette manière, vous serez en mesure de communiquer cette passion à vos clients, employeurs ou partenaires potentiels. Vous devez non seulement décider de vous perfectionner dans ce que vous faites, mais aussi prendre du plaisir à le faire. Si votre désir est le moteur qui vous propulse vers votre objectif, la passion est le carburant qui le fait marcher. Sans passion, vous vous arrêterez dès le premier signe de difficulté. Pourquoi pensez-vous que la plupart des gens ne daignent même pas commencer ? Car tout simplement aucune passion ne soutient leurs actions.

Cinquième étape : **Une attente positive.** Les principes de ce livre se montent comme des pièces de puzzle car ils sont liés les uns aux autres. Nous ne pourrons donc découvrir le tableau complet que si nous considérons toutes les 10 règles d'or dans leur suite. Et si vous appliquez intelligemment les notions décrites, l'attente d'un résultat positif sera un état naturel chez vous. Et seulement alors, vous vous mettrez à l'ouvrage avec une confiance absolue d'obtenir le résultat voulu ce qui vous permettra d'adopter l'attitude requise c'est-à-dire une attitude mentale positive. Une attente positive passe aussi par une gratitude sincère non seulement de ce que nous avons déjà, mais aussi de ce que nous sommes sur le point de recevoir. Vous avez une méthode scientifique entre vos mains, donc l'atteinte du but que vous vous êtes fixé n'est qu'une question de temps. Soyez alors dans un état d'esprit de celui qui a demandé et qui a reçu. Et ce simple acte est une affirmation puissante. Car il vous permettra de continuer d'avancer avec sérénité et de ne pas tomber dans l'erreur que l'échec est possible.

Sixième étape : **Passer à l'action.** La pensée est le pouvoir créateur ou la force pressante qui pousse le pouvoir créateur à agir. La pensée juste est donc l'intention qui cherche à se manifester. Elle est la base de tout accomplissement. Mais vous ne pouvez pas vous reposer uniquement sur la pensée et n'accorder aucune attention à l'action personnelle. Il est impératif de lier la pensée à l'action personnelle si vous voulez transcrire votre désir en réalité. Car les résultats ne vont pas apparaitre comme par enchantement. Par la pensée vous déclenchez certes votre intention mais par l'action vous le projetterez dans la réalité tangible. En conclusion, une fois vos pensées organisées, l'action doit immédiatement suivre et maintenant dans le présent. Vous ne pourrez agir ni dans le passé ni dans le futur ceci engendre la procrastination que de projeter ses actions dans le futur. Si l'univers actuel dans lequel vous vous trouvez n'est pas celui qui vous convient, ne croyez pas postposer vos actions jusqu'à ce que vous vous trouviez dans le bon environnement car sans action, vous n'y serez jamais. Evitez aussi à perdre votre temps présent à penser à d'éventuelles actions à prendre dans une situation hypothétique dans le futur car si vous agissez dans le présent en ayant l'esprit axé sur le futur, cela amoindri vos forces car votre action sera exécutée avec un esprit divisé et ne sera pas efficace. La solution donc à la procrastination, au découragement, à l'échec et aux limitations est l'action intelligente ou si voulez l'action qui traduit la pensée juste.

Septième étape : **La persévérance :** Seules la persévérance et la détermination viennent à bout de tout. Dans son livre « REFLECHISSEZ ET DEVENEZ RICHE » Napoléon HILL consacre un chapitre entier sur la persévérance et surtout sur l'impact qu'il a sur notre réussite. Il a découvert après avoir interviewer plus de cinq cents personnes que le dénominateur commun de leur réussite était la persévérance et pour certains une obstination bornée. Nous devons donc toujours pousser plus loin, persévérer et continuer de chercher de nouveaux et meilleurs moyens de grandir et d'élargir nos horizons au-delà de notre situation actuelle. Tout le monde veut grandir mais tout le monde n'est pas disposé à maintenir la persévérance nécessaire pour atteindre son but. La plupart des gens abandonnent dès les premiers signes de difficultés. L'imminent Winston CHURCHILL ne disait – il pas que « le succès, c'est de trébucher sur un échec après l'autre sans perdre son enthousiasme »

Huitième étape : **La concentration ou la contemplation** : Comme le dit si bien l'éminent juge Thomas TROWARD " la loi de la flottaison n'a pas été découverte en contemplant des objets qui coulent, mais en observant comment flottent des objets qui flottent naturellement, puis en se demandant naturellement pourquoi il en est ainsi ". Le mot clé ici c'est contempler, ou ce sur quoi vous portez votre attention lorsque vous commencez à utiliser l'énorme potentiel du pouvoir de l'intention. L'adage nous dit d'ailleurs que, là ou porte votre attention se dirige votre énergie et par conséquent, c'est là-bas où vous donnent rendez-vous les fruits de votre intention. Lorsque vous choisirez de porter votre attention sur l'objectif de votre choix, ne vous souciez pas du « comment » ni du « quand » vous allez l'accomplir. Ceci n'est pas votre job. Cette tache revient à votre mécanisme de succès autrement dit à votre subconscient. Tout ce que vous aurez à faire, sera de maintenir une concentration continue et exclusive sur votre idéal par la force de votre volonté et ne laisser aucun élément extérieur venir perturber la qualité de cette contemplation.

Là encore, adopter les huit étapes précitées vous permettra tel un GPS à vous rendre à votre destination de la manière la plus évidente et la plus courte. Leur application vous permettra de décupler votre créativité car la raison d'être de l'intention est de donner naissance à un désir dans un environnement adéquat. Dès lors, l'imagination se met en route pour trouver les moyens de donner vie à cette impulsion. En lisant le blog image et sens, je suis tombé sur cette belle illustration que je me propose de partager avec vous. « Prenons un exemple, une personne qui a l'intention de changer, de se libérer de ses peurs, de ses croyances, pour être enfin la belle personne qu'elle est en réalité, pour être elle, pleinement. Il ne suffit pas pour cela, de le souhaiter, il faudra, au contraire, prendre le temps de dégager une vive énergie pour pouvoir accomplir des petits actes qui mis bout à bout, permettront de tendre à un véritable changement. Il s'agit, par le biais de l'intention, d'avoir la force de contacter **un coach en développement personnel** qui l'aidera à se retrouver, il s'agit d'avoir la force grâce à l'intention, de s'éloigner des personnes toxiques, d'affronter ses peurs, d'apprendre à dire non...

Encore un exemple, une personne qui souhaite pouvoir perdre du poids, par le simple souhait ne sera pas en mesure de perdre des kilos, quand il s'agirait plutôt d'avoir la force nécessaire pour insuffler des changements profonds dans un mode de vie...

Les êtres humains sont conçus pour la croissance et pour profiter pleinement de la vie. Cela inclut toutes nos émotions.

En réalité, une fois que l'on a conscience de la force de ses intentions, rien, absolument rien n'est insurmontable. Certaines épreuves seront peut-être plus complexes à traverser, certains changements plus durs à accomplir, mais ce flux d'énergie puissant circulant en vous, avec **la** force de l'intention, vous êtes libre pour **entrevoir une nouvelle vie** »

À partir d'aujourd'hui, essayez d'exploiter le pouvoir incroyable de votre esprit subconscient. Commencez par un seul objectif ou une seule idée et mettez-le en pratique de manière continue jusqu'à ce que vous parveniez à atteindre cet objectif. Faites-en un jeu et amusez-vous avec ! Plus vous vous amusez avec l'idée que vous avez obtenu votre vœu, plus il sera facile à atteindre. Ce faisant, vous passerez de la "pensée positive" de la personne optimiste à la "connaissance positive" de la personne qui a totalement réussi.

Evitez que la soi-disant réalité quotidienne conditionne la perception que vous avez de vous-même et vous pousse ainsi à avancer tel un robot en mode automatique répétant les mêmes scénarios. Combien d'entre nous connaissent quelqu'un qui passe d'une relation à l'autre, aux prises avec les mêmes problèmes ? Qu'en est-il de la personne qui évite les conflits avec l'autorité au point de tomber gravement malade ? Ils évitent simplement les sentiments désagréables. Nous l'avons tous fait. En fait, c'est une réponse naturelle. Les émotions désagréables ont tendance à être réprimées dans l'esprit subconscient sans connaissance consciente ni intention de notre part. Lorsque cela se produit, elles restent coincées dans le subconscient. L'esprit subconscient continue alors de recréer des circonstances inconfortables dans nos vies afin que les émotions refoulées puissent être expérimentées. Sans prise de conscience, cette saga peut durer toute une vie.

Sur ce, donnons-nous rendez-vous au prochain chapitre et découvrons ensemble ce qu'il nous réserve. Etes-vous prêt ? vous pouvez savourer ce petit moment d'excitation car le prochain chapitre semble être une problématique commune à 80% des populations.

PRINCIPE N° 7 : LA CONFIANCE EN SOI EST LE PREMIER SECRET DE LA REUSSITE

« Qu'est-ce qui vous empêche de combler cet espace entre ce que vous avez et ce que vous voulez ? Qu'est-ce qui vous retient de vous lancer en affaire ? Pourquoi avez-vous du mal à aborder la femme ou l'homme qui vous attire ? Pourquoi avez-vous tendance à baisser vos prix ? Pourquoi vous arrive - t - il de jalouser ou de rejeter une autre personne ou de souffrir du jugement des autres ?
La réponse est simple : la confiance en vous ! Souvent fondée sur de fausses croyances, la confiance a le pouvoir d'enrichir ou de détruire nos vies de leader. »

- ***Franck Nicolas, coach et conférencier***

Comme le disait l'actrice Mae West, célèbre à la fois pour son jeu et pour ses remarques provocatrices : " Si vous ne vous trouvez pas vous-même merveilleux, pourquoi voulez-vous que quelqu'un d'autre le pense ?" Sachez d'entrée que vous devez développer une confiance en vous optimale avant de pouvoir accomplir quoi que ce soit.

Trouver l'âme sœur, vendre au prix fort sans jamais le diminuer, développer votre carrière avec ambition et créer votre entreprise : voilà qui requiert une confiance sans limites. Celle qui vous permettra de surmonter tous les obstacles à venir.

J'ai choisi d'intégrer ce principe dans ce livre car il est non seulement incontournable, mais il vous permettra de ne plus céder au poids de la conformité sociale en redevenant l'enfant déraisonnable qui avait des rêves et qui passait à l'action pour vivre ses choix, choisir sa voie. Une vie sur mesure. A travers ce livre, je vous offre la première étape en vue de reprendre votre vie de leader (de votre propre destin) en main. Vous allez comprendre que votre histoire ne détermine pas votre destin. Vous allez dorénavant vous affirmer sans arrogance, briser l'auto-sabotage sans renoncer à votre sensibilité, et surtout augmenter vos performances professionnelles sans laisser tomber votre éthique.

Posez-vous cette question : Est-ce que je suis assez charismatique et influent auprès de ma famille, de mes amis, de mes collaborateurs, de mes clients, partenaires et camarades de travail ? Si la réponse est positive, félicitations et passez au prochain chapitre car je n'ai plus rien à vous apprendre ici.

Si, à l'inverse, vous avez le sentiment de vivre une vie que vous n'avez pas choisie, ou si vous vous sentez déconnecté, idéalisant le passé, vous plaignant du présent tout en craignant pour l'avenir en permanence, ce chapitre vous est destiné. Voici le coup de pouce dont vous avez besoin pour passer plus rapidement à l'action.

La confiance est l'une des principales ressources humaines pour réussir à vivre sa propre vie qu'on aura créé sur mesure. Car faire ce que l'on fait selon la volonté de ses parents, ou de l'environnement, n'exige pas autant de confiance en soi que la décision de suivre sa propre voie de réussite. Si tel était le cas en ce moment pour vous, rassurez-vous votre cas n'est pas isolé. Les résultats de l'étude de l'AFS (association française de sociologie) nous disent que trois personnes sur cinq se disent insatisfaites au travail et estiment ne pas être assez reconnues, suffisamment rémunérées, ou libre de leurs choix professionnels ? La faute à qui à votre avis ? Et nous en revenons en la confiance qu'ils ont en eux.

Maintenant il est temps que je vous apporte une solution pour qu'enfin, vous puissiez vous aussi, vous doter de la confiance nécessaire non seulement pour accompagner votre progrès, mais aussi du pouvoir d'influencer les autres, modifier leurs pensées, leurs sentiments et leurs comportements. Car si vous respirez la confiance, vous aurez bien plus d'influence sur autrui, qu'il soit un client, un partenaire, un futur employeur, une compagne ou un compagnon, que si vous apparaissez comme quelqu'un qui manque de confiance en lui.

La phrase qui me revient subitement en tête est celle prononcée par William James, philosophe et fondateur de la psychologie moderne et je vous la donne brut : " la plus grande découverte de notre temps est de comprendre et de réaliser que chacun d'entre nous a le pouvoir et le choix de changer sa vie en changeant sa façon de penser." Ce que j'essaie de vous dire est que, avant tout, il est nécessaire de savoir quelques faits reconnus. Peu de gens comprennent qu'une confiance en soi correspond à une puissante conscience de soi, connaissance de soi et de ses talents.

La plupart des gens ignorent qu'ils ont des idées reçues bien arrêtées sur la vie et ne peuvent imaginer qu'elles puissent être fausses ou néfastes pour leur développement. Ainsi, dans le même ordre d'idées : tout ce que nous avons fait dans la vie de bien ou de mal, nos réussites, nos échecs, nos joies et nos peurs, n'est que l'expression de notre propre expérience de la vie, vue sous le prisme de la pensée qui juge, interprète et souvent déforme.

Ne soyez pas choqué par la déclaration qui suit mais, si vous n'avez fait aucun travail sur vous-même, si vous avez accepté tout ce qu'on vous a inculqué depuis toujours sans rien remettre en question, il est fort probable que vous n'ayez pas choisi 90% des croyances que vous avez sur vous-même et sur le monde.

La plupart des gens ont cette fâcheuse habitude, en particulier lorsqu'il s'agit de projeter des choses, de se focaliser trop sur leurs limites, leurs faiblesses, leurs échecs et leurs envies insatisfaites. Pourquoi pensez-vous que beaucoup de personnes voulant démarrer un projet ambitieux ne se lancent jamais ? Imaginez le nombre de fois où vous vous levez le matin avec une idée de génie que vous pensez bien pouvoir réaliser, et de ne plus vous en sentir capable le soir en vous couchant. Subitement vous semblez avoir égaré vos compétences, vos talents et expériences. Alors qu'en réalité seule une mauvaise opinion de vous est la cause de cette indécision.

Le manque de confiance en soi constitue l'un des problèmes majeurs qui affligent une bonne partie des populations. Lors d'une enquête menée par une université sur une cible de 600 étudiants à qui on demanda d'identifier leur problème personnel majeur, les résultats ont démontré que 75% d'entre eux considérèrent leur manque de confiance comme leur plus grand handicap. Nous pouvons sans risque de nous tromper avancer ces mêmes chiffres pour la population en général. Partout on rencontre des gens qui souffrent d'un complexe d'infériorité ou qui doutent de leur capacité de réussir. Ils sont littéralement obsédés par la crainte de l'échec et de ce fait ne passent jamais à l'action. Devant la méconnaissance de leur propre valeur, ils vivent dans le compromis et se contentent d'une mesure inférieure à celle qu'ils pourraient donner. C'est ainsi qu'un millier de personnes baissent les bras, oppressés par la peur et par le sentiment d'échec.

Pour reprendre les rênes de votre vie, il est important de se poser les bonnes questions. Qui suis-je ? Qu'est ce qui m'importe vraiment ? Qu'est-ce que je veux ? De cette manière, vous donnez une direction à votre mécanisme à succès.

Il est inutile de chercher des formules mystérieuses pour augmenter votre assurance et votre leadership, car la nature vous a doté de tout ce qu'il faut. Autrement dit, la confiance déterminée et sereine que vous cherchez est déjà en vous : c'est donc une quête intérieure. Pour ça, il faudra vous libérer de vos fausses croyances et cette confiance saine en vous apparaîtra d'elle-même progressivement. Sachez que vous êtes capables de bien plus que vous ne pouvez l'imaginer. Mais pour optimiser cette confiance en soi, il faut bien comprendre comment elle se forme et surtout comment elle impacte votre personne et vos affaires. Pour cela nous allons voir ce qui pourrait être à l'origine d'une confiance en soi écornée.

L'IMAGE DE SOI EST LA CLÉ POUR UNE VIE CRÉATIVE EN TOUTE CONFIANCE

Que nous en ayons conscience ou non, chacun de nous porte en lui un plan ou une image mentale de lui-même. Elle peut être vague et mal définie pour notre regard conscient. Mais parmi ses produits vous pouvez observer la confiance en soi. La confiance en soi est un produit dérivé de l'image de nous que nous trainons. Ce qu'il faudra bien retenir ici, c'est que nous parlons d'image et non de réalité. Par là je veux dire que cette Image-de-soi est notre propre conception et elle n'est d'ailleurs vraie que pour nous-même. C'est tout simplement le "genre de personne" que nous pensons où avons décidé d'être". Elle a été construite d'après nos croyances personnelles sur nous-mêmes. Laissez-moi vous dire que la plupart de ses convictions vous les avez adoptés inconsciemment lors de vos expériences passées, de vos succès et échecs, de vos humiliations, de vos victoires et de tout ce que vous avez subi venant des autres. Plus spécialement pendant l'enfance. En réaction naturelle, vous avez construit mentalement un "moi" (ou l'image d'un moi). Dès lors, chaque fois que vous êtes confronté à une idée ou à une croyance entrant dans le cadre de cette image, elle devient "vraie". Vous ne vous interrogez pas sur sa validité, mais vous continuez à réagir comme si elle était vraie.

Dans un premier temps, toutes vos réactions, sentiments, comportements et même vos capacités, sont la conséquence directe de cette Image-de-soi. C'est marrant car en y regardant de plus près, ça saute aux yeux que nous agissons comme le genre de personne que nous imaginons être, je dirais même que nous ne pouvons pas ne pas être. Car, même si nous le décidons consciemment, nous ne pouvons absolument pas agir autrement par un effort de notre volonté seule. Comme dirait l'autre, chasse le naturel il revient au galop. Si vous êtes convaincu d'être incapable d'accomplir quoi que ce soit, vous trouverez quelque moyen pour échouer, en dépit de toutes les bonnes intentions ou volontés, même si les meilleures occasions vous "tombent dessus". Dans un second temps, et c'est ce qui nous intéresse le plus, l'image de soi n'est pas une chose figée qui condamne l'individu à la médiocrité jusqu'à la fin de ses jours. Elle peut être changée. D'ailleurs on n'est jamais trop jeune ou trop vieux pour améliorer cette image et enfin commencer à vivre une existence nouvelle. Lorsque cette image de soi est intacte et acquise, on se sent "bien". Si elle est écorchée on se sent anxieux et vulnérables. Vous perdez vos moyens, votre productivité est réduite à son minimum et votre expression créative est bloquée et vous n'êtes pas épanoui. Mais pour redresser cette photo imagée de nous, il faut bien connaître la psychologie de l'image de soi.

En bref, l'image de soi est une prémisse, une base ou un fondement sur lequel reposent votre personnalité, votre comportement et même les événements et circonstances de votre vie. C'est pourquoi d'ailleurs les expériences de votre vie, tel un cercle vicieux ou vertueux selon le cas, viennent valider et renforcer l'image que vous avez de vous-même. Comme le déclare l'éminent docteur Maxwell MALTZ dans son inestimable œuvre "La psycho cybernétique", "l'image de soi" constitue la clé de la personne humaine et du comportement humain. Changez l'image de soi et vous changerez votre personnalité et votre comportement" Considérez l'image de soi comme un état délimité par des frontières. Sauf que dans le cas de l'image de soi, bien que nous parlions de frontières virtuelles, elles sont toutes aussi vraies que celle qui sépare la France de la Belgique. Elles délimitent ce que vous pouvez et ce que vous ne pouvez pas faire. Elargissez cette image et vous élargissez le domaine du possible et subitement l'individu semble disposer de nouvelles capacités pouvant lui permettre de transformer littéralement l'échec en succès.

Si Ralph Waldo Emerson, l'un des plus brillant cerveau du siècle dernier vous dit que le secret du succès est la confiance qu'on peut avoir en soi et en ses capacités, alors l'amélioration de votre confiance en vous doit être une quête cruciale si vous cherchez à vous faire une place dorée dans la vie. Et seulement alors, vous pourrez observer combien vos problèmes personnels et professionnels vont se résorber pour disparaître à jamais. L'image de soi, l'estime de soi et surtout la confiance en soi seront pour vous de véritables ponts vers une vie réussie. Celui ou celle qui possède ces ressources est capable d'obtenir ce qu'il veut de sa vie. Mais comment acquérir cette clé ? Comment maîtriser cet élément dans la vie de tous les jours ? Comment cesser l'auto-sabotage et les situations où l'on flanche, trébuche et décide finalement que l'on est mieux dans notre zone de confort, qui certes nous déplait mais nous est au moins familier ?

Peu importe que vous vouliez vous lancer en affaire, quitter votre emploi et créer votre entreprise, écrire ce roman dont vous rêvez tant depuis des années, perdre du poids ou tout simplement vous engager sur le plan sentimental, la confiance en soi vous aidera à prendre enfin ce chemin sereinement. Ce plan d'action qui suit ainsi que l'exercice, vous aideront à améliorer votre confiance en vous et mettre en marche cet instinct de succès que nous nous essayons de vous inculquer à travers nos 10 principes.

PLAN D'ACTION

QUELQUES OUTILS POUR AMELIORER SA CONFIANCE EN SOI

Dans un premier temps je vais vous donner six outils accessibles que vous pouvez mettre en place dès après la lecture de ces lignes, et ensuite pour que vous adoptiez définitivement l'état d'esprit que je veux vous amener à endosser, je vous proposerai un exercice pratique pour vous permettre de graver votre nouvelle attitude directement dans votre subconscient, autrement dit dans votre mécanisme à succès. Car souvenez-vous, je suis là pour développer chez vous un instinct de gagnant. Voici donc les six points :

1 - **Analysez quels sont vos blocages et où est que vous en êtes aujourd'hui** : Dans quel domaine de votre vie professionnelle ou personnel sentez-vous que la situation vous échappe ? S'agit-il de prendre la parole en public ? D'aborder l'homme ou la femme qui vous plaît ? De vous imposer en société ou avec vos collègues ? D'augmenter vos revenus ? Redoutez-vous les changements professionnels ? Réfléchissez à ce qui est pour vous source de problème. Ici il s'agira d'ouvrir les yeux et d'être honnête avec vous. Déclarez ce qui n'est plus tolérable dans votre vie. Essayez surtout de vous expliquer dans la mesure du possible d'où vient ce trauma ? Il s'agit de mettre en lumière ces obstacles intérieurs bien souvent cachés ou refoulés. Regardez du côté des trois attitudes que les psychologues distinguent comme étant des caractéristiques d'une faible estime de soi :

C'est la personne avec une constante attitude mentale négative du genre je ne devrais pas, je ne pouvais pas, je n'ai pas le choix et autre fuite de responsabilités. Vous avez aussi ceux qui s'effacent systématiquement devant n'importe quelle interaction ou qui cherchent en permanence l'amusement ou le bonheur des autres en se dissimulant derrière le rire. Et enfin nous avons ceux qui se braquent et s'offusquent pour un oui ou pour un non,

2 - **La clarté de votre message** : Définissez le message que vous voulez faire passer, cherchez à bien le cerner, soyez clair dans votre démarche et gardez le bien en tête. Chaque rencontre doit vous paraître comme une occasion unique de faire passer ce message. Il ne doit pas avoir d'irrégularité entre le message que vous voulez transmettre et l'attitude que vous adoptez. Vous devez parler aux gens comme si vous pensiez qu'ils seront enthousiastes de savoir ce que vous voulez leur dire. Car les gens penseront de vous ce que vous-même pensez de vous. Votre attitude personnelle a une répercussion directe sur autrui. Agissez comme si les gens avaient envie d'écouter ce que vous avez à dire et c'est sans doute ce qu'ils feront. Sachez que les gens vous renvoient une image en miroir de ce que vous émanez, autrement dit votre message aussi bien en parole, en contenu qu'en langage corporelle et vous devez être cohérents sur toute la ligne.

3 – **Agir avec indépendance** : Ici, il ne s'agit pas d'être un despote, mais il faut avoir l'habitude d'agir avec indépendance en prenant des initiatives. Être authentique, ne pas avoir peur de dire à haute voix ce que vous pensez tout bas. Être assertif. Le plus important et j'insiste là-dessus, c'est d'apprendre à agir plutôt qu'à réagir. Quand vous agissez, vous donnez le ton, vous avez ce

temps de battement propice à rendre vos propos et vos actions justes. Tandis que quand vous réagissez, vous subissez et très souvent, vous calquez vos répartis sur l'autre. C'est aussi le moment de vous dire d'éviter les opinions qui dénotent un manque de certitude. Evitez aussi celles qui vous font passer pour une victime ou trahissent vos doutes. Et enfin soyez maitre de vos humeurs et ne pas se laisser facilement affecter par celles des autres. Apprenez aussi à rester calme et évitez d'être impulsif.

4 - **Agir avec assurance** : L'image que nous renvoyons, c'est celle que les autres nous renvoient en réaction. Donc soignez au maximum votre body langage par des postures qui stabilisent le corps. Car se sentir confiant donne une prestance, une aura particulière ; vous la ressentez et les autres la perçoivent et se sentent rassurés. La confiance contamine. Entrainez-vous aussi à avoir une voix agréable, posée, et régulière, prouvant que vous êtes confiant ; sachez en varier la tonalité. Arrêtez-vous, prenez votre temps et ne vous précipitez pas pour parler. Le fait de marquer une pause est précieux car il vous donne le temps de vous installer mentalement et émotionnellement. Respirez calmement et profondément, ça donne de la dimension à votre expression. L'assurance est vraiment la clé du succès. Observez bien les gens qui réussissent, vous constaterez qu'ils sont très confiants, surs d'eux, mais sans arrogance. Regardez-vous très régulièrement devant un miroir. Efforcez-vous à voir la personne que vous aimeriez voir non pas la personne que vous croyez être sans en être fier. Corrigez encore et encore votre expression, jusqu'à ce que le reflet que vous renvoie le miroir soit en adéquation avec la personne que vous souhaitez devenir. La technique du miroir est vraiment très efficace.

5 – **Avoir un but et une passion :** « Sans passion l'homme n'est qu'une force latente, qu'une possibilité, comme un caillou qui attend le choc du fer pour rendre des étincelles ». Nous disait Henri-Frédéric AMIEL. La passion donne de la fièvre à l'individu. Il le dote d'un feu intérieur. Ce même feu qui anime toutes les personnes charismatiques. Toute la force et la puissance de la passion se résume dans ce poème de Victor Cherbuliez que je ne peux m'empêcher de vous citer : « La passion aspire à posséder quelque chose, elle a toujours un but qu'elle poursuit sans relâche et jusqu'à perte d'haleine. La passion est remuante, agissante ; si elle le pouvait, s'il le fallait, la passion bouleverserait le monde pour arriver à ses fins. La lutte est son élément, elle ne connaît pas la fatigue, elle ne s'accorde aucun repos et n'en accorde point aux autres ». Trouvez votre passion, vivez votre passion et vous n'aurez plus à vous demander ce que les autres pensent de vous. Vous vous imposerez naturellement en société. Car la passion génère de l'enthousiasme et ce dernier contamine toute personne qui croisera votre chemin.

6 – **Soigner son style personnel** : Faites le point sur votre style personnel, autrement dit, sur votre marque de fabrique personnelle. Ceci comprend tout ce que vous dites et tout ce que vous faites. Bien souvent, vous vous considérez comme quelqu'un de poli et de détendu, ayant du self control. Mais est-ce bien comme cela que vous apparaissez aux yeux des autres ? Dans cette sixième suggestion pour améliorer votre image et votre confiance en soi, je vous propose de travailler votre marque de fabrique. Ceci comprend non seulement ce que vous dites et faites, mais aussi votre façon de parler, de penser, de regarder, de bouger et d'agir. Il ne s'agit pas tant de vous travestir que de veiller tout simplement à

l'image que vous véhiculer. Prenez par exemple une personnalité publique que vous appréciez, un personnage fictif que vous inventez, ou tout simplement des traits de caractère que vous jugez proches de la personnalité que vous voulez incarner. Dressez une liste des caractères de cette personne, et entrainez-vous à les reproduire jusqu'à ce que ça devienne naturelle pour vous. La loi de la périodicité sera un allié pour vous dans cette démarche. Passons à présent à quelques exercices pratiques.

EXERCICE

Les neurosciences affirment aujourd'hui que chaque personne a été littéralement "construit pour réussir". C'est ce qui poussa Emerson à déclarer : " Il n'y a ni petit ni grand, si vous avez été construit pour le bonheur et le succès, c'est que cette image qui fait de vous un être voué à l'échec et au malheur doit être fausse". Gardez bien en tête ces principes qui suivent, et vous verrez cette image de vous se transformer à un tableau plus en adéquation avec votre nouvelle ambition.

1) Fixez-vous clairement votre but et créez une image mentale de ce dernier comme " déjà existant" soit réellement soit potentiellement. Votre subconscient, une fois que vous ayez réussi à le convaincre, vous mènera naturellement vers la réalisation de cet objectif en vous faisant reconnaître toutes les opportunités étapes de votre réussite.

2) Gardez bien cette intention ferme, insistez et persévérez car votre mécanisme à succès a son système automatique comme nous l'avons évoqué plus haut, et doit donc être orienté vers un but ou une finalité. N'attendez surtout pas de percevoir les moyens pour vous lancer. Ce n'est pas votre rôle mais plutôt celui de votre subconscient. Bornez-vous tout simplement à garder le cap par la force de votre volonté, et d'agir à la moindre inspiration. Les moyens viendront chemin faisant.

3) Les erreurs et les échecs passagers seront inévitables, Mais comme tout autre accomplissement, par le réflexe de la réaction négative, les erreurs de parcours sont corrigées instantanément. Cependant une persévérance sans faille sera de rigueur jusqu'à accomplissement du but désiré.

4) Pour démarrer et surtout tester votre nouvelle prise de conscience, faisons une synthèse des trois premiers points. Commencez en vous fixant un petit objectif pour acquérir et la confiance nécessaire et la certitude que vous détenez là une méthode scientifique. Mettez en place la méthode que nous vous révélons. Vous vous rendrez assez rapidement compte que l'acquisition de la maitrise, en quelque domaine que ce soit, se fait par une suite d'essais et d'erreurs, de corrections et déviance, jusqu'à accomplissement du « bon mouvement », de la « bonne performance ». Continuez donc à poursuivre cet objectif test avec une vision claire, une décision ferme de sa réalisation, d'une persévérance sans faille et d'une confiance absolue. Il ne vous prendra pas beaucoup de temps pour constater les fruits de votre labeur sous vos yeux. Vous saurez alors qu'aucune situation au monde ne pourra résister à votre entrain. La suite naturelle sera de vous fixer un objectif digne de ce nom et de vous mettre en route pour l'obtenir. La règle numéro huit est vraiment mon préféré, car qui la maitrise pourra obtenir de la vie exactement le tableau idéal de ses rêves pour ne pas dire sa réalité. Arrêtez-vous bien sur cette règle et intégrez la bien dans votre tête car c'est l'une des étapes les plus cruciales de votre démarche de transformation de votre vie.

PRINCIPE N° 8 : L'IMAGINATION EST LA SOURCE ET L'ATELIER DE TOUTE CREATION

« Tout ce que l'esprit de l'homme peut imaginer, l'homme peut le réaliser. L'imagination est littéralement l'atelier où s'élaborent tous les plans. C'est le lieu où la faculté imaginative de l'esprit donne forme à l'impulsion et au désir et prépare à l'action ».

Napoléon HILL

Nos actions, nos sentiments, notre comportement sont le résultat de nos propres imaginations et croyances. Il est parfois difficile de déterminer comment le caractère, les capacités, l'accomplissement, la réalisation, l'environnement et les conditions peuvent être contrôlés par le pouvoir de l'imagination. Plusieurs plans de réalité entrent ici en jeu, mais comme promis, nous nous arrêterons seulement au plan de la réalité physique.

C'est connu et communément accepté que ce que nous pensons ou imaginons détermine notre attitude qui est comme nous l'avons évoqué la pensée en action. Les images mentales nous donnent la possibilité d'expérimenter de nouvelles attitudes, ce que nous ne pourrions pas faire sans leur aide. A son tour notre attitude détermine notre condition, les circonstances de notre vie, notre caractère, en d'autres termes la qualité de notre vie entière. De ce fait, si vous souhaitez provoquer la réalisation d'un désir, formez une image mentale de son accomplissement dans votre esprit par votre pouvoir d'imagination. Revisitez constamment et consciencieusement votre image, vous forcerez ainsi sa réalisation. Vous l'extérioriserez dans votre vie par cette méthode scientifique.

Psychologiquement parlant, ce processus de pensée crée des impressions dans votre esprit pour ne pas dire cerveau, ces impressions forment des concepts et des idéaux qui constituent, à leur tour, les plans à partir desquels votre désir émergera. Si nous nous imaginons agissant d'une certaine manière, c'est déjà presque la même chose que de le faire réellement. L'exercice mental nous aide fortement à progresser comme tous les sportifs de haut niveau le savent de nos jours.

Cependant, votre imagination doit toujours comporter une connotation affective. Les psychologues nous disent qu'il n'y a qu'un sens, le sens du sentiment, et que tous les autres sens ne sont que des modifications de ce sens unique. Cela étant vrai, nous savons pourquoi le sentiment est la véritable source du pouvoir, pourquoi les émotions triomphent si facilement de l'intellect et pourquoi nous devons habiller de sentiments nos pensées si nous souhaitons des résultats. Pensée et sentiment forment un duo irrésistible.

L'imagination doit, bien entendu être toujours dirigée par la force de votre volonté. Vous devez toujours imaginer ce dont vous voulez et non ce dont vous ne voulez pas. Il ne faut surtout pas la laisser se déchaîner car l'imagination est un bon serviteur mais un pauvre maître. A défaut d'être contrôlée, elle peut littéralement précipiter notre chute. Quand je dis contrôler, je parle aussi bien d'images mentales positives de ce que nous voulons se produire dans notre vie, mais aussi de ce que nous savons scientifiquement vraies. Analysez rigoureusement vos idées, et n'acceptez rien qui ne soit scientifiquement vraies ou humainement réalisable.

Grâce au pouvoir de l'imagination, l'homme moderne à découvert et exploité plus de force de la nature que toute l'histoire de l'espèce humaine. Et croyez-moi, nous sommes encore très loin d'avoir atteint les limites de ce dont nous sommes capables. D'aucun dirait que les seules limites, dans la mesure du raisonnable, sont de l'ordre du développement de notre imagination et de l'usage que nous en faisons. Votre imagination est l'endroit où la magie opère, c'est là que germe le succès et vous en récoltez les fruits en restant concentré sur votre objectif ultime. Imaginez ce que vous voulez comme vie, trouvez votre passion et faites ce qui vous rend heureux. Si vous allez travailler pendant une cinquantaine d'années, faites quelque chose que vous voulez vraiment faire. Arrêtez-vous un instant, dans dix ans, que vous voyez-vous faire si vous continuez à vivre de la même façon ?

Voyez-vous la grandeur et le succès ou la médiocrité et l'échec ? Si vous n'intervenez pas maintenant, vous resterez dans cette vie moyenne et mènerez une vie de médiocrité, confinée à une vie qui n'utilisera pas tout votre potentiel, ne soyez pas seulement un esclave, soyez un chasseur de rêves, un chasseur de buts et le commandant de votre vie.

Commencez à utiliser votre imagination pour envisager la meilleure vie pour vous sous tous ses aspects : santé, richesse, spiritualité, abondance, amour et bonheur. Soyez dans une attente positive que vous obtiendrez cela si vous prenez les bonnes mesures d'action qui sont nécessaires pour vous amener à l'endroit où vous souhaitez être. Vous devez aligner votre esprit et vos actions sur vos objectifs. Utilisez votre imagination pour vous voir vivre maintenant dans votre vie idéale, voyez-la avec clarté, avancez dans le temps et voyez-vous être et avoir tout ce qui vous fait rêver, votre caractère, la richesse, votre famille, votre spiritualité, votre abondance et votre bonheur. En avançant dans le temps dans votre esprit, vous pouvez voir ce que vous voulez, une fois que vous faites cela, vous pouvez voir ce que vous devez faire pour vous emmener là où vous voulez être. Dans dix ans, vous serez plus déçu par les choses que vous auriez pu faire quand vous en avez eu la chance. C'est étonnant de voir combien de personnes diffèrent de la vie, ne vivent pas, elles semblent tergiverser à propos de tout ce qui compte le plus et se réfugient quotidiennement dans la procrastination,

Alors pour vous guider dans l'utilisation de votre imagination afin de créer la vie sur mesure que vous souhaitez, je vous propose deux formes d'imaginations. Les mêmes que Napoléon Hill a suggéré dans son œuvre « THINK AND GROW RICH". L'une s'appelle "l'imagination combinatoire" et la seconde "l'imagination créatrice ». Pour que ce soit compris sans ambiguïté, appelons « la création » et « l'amélioration »

Comme nous avons dit plus haut, l'imagination est l'atelier de toute création. Dès lors que vous avez décidé de créer ou changer votre condition, vous allez devoir compter sur cette faculté naturelle présente chez tous les humains. Cette faculté est d'ailleurs avant tout un mécanisme de survie avant d'être un mécanisme de croissance. C'est à travers cette imagination que vous donnez l'ordre à votre corps de réagir adéquatement en cas de danger. Dans le cas qui nous concerne, c'est à dire créer la vie à laquelle nous aspirons, l'imagination nous servira à influencer notre subconscient de notre souhait pour faire marcher notre mécanisme automatique, mais aussi d'élaborer des plans pour attirer en nous les circonstances et conditions conséquences de notre imagination. Voici comment ça marche :

1 - LA DEMARCHE AMELIORATRICE : Cette faculté permet d'opérer de nouvelles combinaisons à partir de concepts, d'idées ou de plans déjà existants. Elle ne crée rien. Elle opère simplement avec le matériau dont elle est nourrie et qui peut être liée à l'expérience, à l'éducation ou à l'observation. C'est cette faculté dont se servent la plupart des inventeurs, des entrepreneurs et certains métiers artistiques. D'autres inventeurs et entrepreneurs pour la plupart du temps reconnus comme étant des génies, font appel à l'imagination créatrice, quand le modèle combinatoire échoue à résoudre leur problème. L'imagination combinatoire est la plus utilisée car elle opère de façon automatique lorsqu'elle est stimulée par la force émotionnelle d'un puissant désir. L'imagination est un processus très courant. Au cœur de notre vie psychique, elle nous sert à explorer le monde mentalement et à faire les expériences de pensée nécessaires pour prendre des décisions et résoudre des problèmes. Lorsqu'elle se met au service de la création, l'imagination devient cette capacité à féconder le réel d'idées nouvelles, à inventer des manières de bousculer un ordre établi.

2 - LA DEMARCHE CREATRICE : Selon certains, cette faculté permet à l'esprit humain qui est fini, d'entrer directement en contact avec l'intelligence infinie, qui est la source des "intuitions" et des "inspirations" et que par le truchement de cette faculté que les idées fondamentales ou nouvelles sont transmises à l'humanité. L'imagination créatrice est l'outil le plus dramatiquement merveilleux que la vie nous a donné. C'est par elle que Dieu fait de l'homme un instrument de création. L'imagination créatrice forme le moule par lequel le processus créatif de la vie travaille à la production de l'univers visible. Ce que l'homme peut imaginer, l'homme peut le réaliser. Ainsi, l'imagination créatrice devient source de différences, de diversités et de matérialisation, car rien ne se passe dans le monde tangible, sans avoir été imaginé dans le monde immatériel de la pensée ou si vous voulez de l'imagination. Les grands chefs d'entreprise, les grands industriels et les grands financiers, tout comme les grands artistes, les grands musiciens, les grands poètes et les grands écrivains, sont devenus ce qu'ils sont parce qu'ils ont développé leur imagination créatrice.

En définitif, je dirais que les deux formes d'imagination sont toutes précieuses pour votre démarche parce qu'elles agissent conjointement, sans ligne de démarcation. Il est d'ailleurs souvent difficile de dire où l'une se termine et où commence l'autre.

Maintenant que nous avons vu ensemble la part que votre imagination pourrait jouer dans le développement de votre instinct de réussite, voyons à présent de quelle manière l'utiliser afin de convertir votre désir en réalité physique.

Commençons d'abord par le développement de la démarche amélioratrice car c'est cette dernière que vous utiliserez le plus souvent.

Pour transcrire votre idéal dans la réalité matérielle, vous allez avoir recours à un plan ou à des plans. Pour faire ces plans, seule l'imagination pourra vous venir en aide. Vous allez essentiellement solliciter votre imagination combinatoire ou amélioratrice étant donné que vous puiserez dans votre expérience, dans votre éducation et dans ce que vous avez pu observer lors de vos interactions et aussi suivant vos centres d'intérêts. Commencez d'abord à faire travailler votre imagination à l'élaboration d'un plan pour transformer votre désir en réalité. Submergez votre esprit de votre désir de telle sorte que votre subconscient siège de toutes vos expériences passées, une fois avoir compris et accepté votre requête, va aller fouiller dans votre bibliothèque interne et vous sortir tous les dossiers inhérents à la nature de l'objet de votre imagination. Ensuite écrivez tout ce qui vous semble être en rapport de près ou de loin à votre objectif et commencez à élaborer votre plan. Ne vous découragez pas si au départ des idées farfelues s'y glissent, vous allez parfaire vos plans chemin faisant. Vous allez constater l'effet de puissance que cela va engendrer chez vous, car dès l'instant vous aurez mis votre plan par écrit, vous sentirez définitivement avoir donné une forme concrète à votre désir. Et par ce seul geste, vous venez de changer la donne en montrant à votre subconscient que votre démarche est sérieuse.

Il peut arriver que ni la somme de vos expériences passées, ni celles qui sont disponibles ou en tout cas connues ne règlent votre besoin de créativité ou de l'accomplissement de votre image. Alors, c'est là où votre cerveau se met à s'élever à un plan supérieur pour se connecter à l'intelligence universelle que d'autres appelleraient le champs Akashi que. Comme j'ai promis de m'en tenir à une vision de plan inférieur, je n'irais pas développer cette théorie. Mais il se passe une sorte de déclic et votre cerveau commence à entrevoir de bribes d'idées et de suggestions qui vous mènent selon le principe du servomécanisme vers la révélation de la formule. Gardez alors votre concentration ferme, constante et enthousiaste un certain temps jusqu'à ce que votre subconscient comprenne le sérieux de votre démarche et ensuite relaxez-vous et laissez-le faire. Au moment où vous serez au repos total, des flashs vont venir sous forme d'inspiration ou alors sous forme de révélation. Il faudra un certain entrainement pour pouvoir déchiffrer ces précieux messages, mais à tous les coups vous y arriverez si votre désir est intense. Et c'est que nous nommons démarche créatrice. C'est là où vous devez avoir une confiance absolue en votre intuition.

Pour revenir à la pratique de l'imagination, lorsque vous imaginez quelque chose, cela signifie que vous formez dans votre esprit des images de quelque chose qui n'est pas encore perçu à travers vos cinq sens bien que vous puissiez dans votre imagination. Vous avez la capacité de créer dans votre esprit toutes sortes d'objets, de scènes mentales et d'événements qui ne se seraient peut-être jamais produits auparavant ou qui pourraient ne pas se produire dans un avenir proche. Nous avons tous la capacité d'utiliser notre imagination quand bon nous semble. Parfois, l'imagination devient très élevée chez certaines personnes et peut se manifester sous une forme plus faible chez d'autres. La façon dont l'imagination se manifeste varie à des degrés divers selon les personnes.

Vous pouvez faire l'expérience de nouveaux mondes dans votre esprit avec le pouvoir de l'imagination. Vous pouvez prendre une situation ou tout ce qui se passe dans votre vie et utiliser votre imagination pour vous aider à la regarder d'une autre manière. Vous pouvez explorer les situations futures et passées. Vous pouvez également l'utiliser pour vous aider à guérir de situations dans votre vie qui pourraient vous avoir blessé d'une certaine manière. Vous êtes libre de voyager et de faire n'importe quoi quand vous utilisez votre imagination. Vous pouvez effectuer toutes sortes de tâches et survivre à de nombreuses circonstances qui pourraient être désagréables.

La rêverie ou la contemplation se produisent souvent lorsque vous utilisez ce type de capacité et que celle-ci commence à se manifester sous différentes formes. La rêverie peut vous jouer des tours quand elle n'est pas contrôlée. Si vous vous ne la canalisez pas elle peut faire de vous un rêveur, mais parfois, une rêverie bien calibrée peut aider à apporter soulagement et calme. Cependant vous ne devriez rêver que lorsque vous n'êtes pas en train de faire quelque chose. La rêverie est le seul moyen d'apprendre le véritable pouvoir de l'imagination et comment il peut vous aider à vous détendre.

PRINCIPE N° 9 : LA PERSEVERANCE EST L'INGREDIENT ULTIME POUR ATTEINDRE VOTRE OBJECTIF

« La ligne qui sépare le succès de l'échec est aussi mince que le fil d'un rasoir »

Bob PROCTOR

La persévérance est un des facteurs essentiels dans votre décision de devenir la meilleure version de vous-même et de transmuter votre idéal de vie en réalité tangible. En d'autres termes réaliser vos plus grands rêves. Notez dans un premier temps qu'à la base de la persévérance, il y'a la volonté.

Lorsque la volonté est convenablement associée au désir, ils forment un couple qu'aucune force au monde ne peut ébranler. Ceux qui réussissent sont très généralement jugés insensibles et impitoyables. Mais souvent, c'est tout simplement qu'ils ont un puissant désir soutenu par une volonté alliée à la persévérance. C'est cette association puissante qui leur assure réussites et succès.

Qu'est-ce que la persévérance ?

Persévérer, c'est continuer de faire ou d'être ce qu'on a résolu, par un acte de volonté toujours renouvelé, et ce malgré les obstacles et les échecs. C'est aller de l'avant avec détermination face à l'adversité, être tenace, ne pas baisser les bras. L'adage souligne l'importance de la persévérance. Ainsi, elle fait ces recommandations : " Continuez donc à chercher d'abord le royaume ",

" continuez à frapper, et on vous ouvrira ", " persévérez dans la prière " et " tenez ferme ce qui est excellent ".

La plupart des gens abandonnent intentions et objectifs et renoncent dès le premier signe d'opposition ou de revers. Quelques-uns cependant persistent malgré toutes les oppositions et fatalement ce sont ceux-là qui réussissent. Persévérance n'a pas sans doute une connotation héroïque, mais elle est au caractère ce que le carbone est au fer - elle le durcit jusqu'à en faire de l'acier. Pour s'accomplir et peu importe l'objet de votre convoitise, ce neuvième principe du livre est à pratiquer au même titre sinon plus que les autres. Alors comment tester votre persévérance ?

Le manque de persévérance est l'une des principales causes d'échec. Sachant ce que nous savons aujourd'hui à savoir que 5% de la population mondiale gèrent 95% des ressources, il serait juste d'affirmer que cette portion de la population en sait davantage que le reste. Le manque de persévérance entre autres semble alors être une faiblesse commune à la majorité. Toutefois, la bonne nouvelle ici sera de noter que c'est une faiblesse que l'effort permet de surmonter. Car l'intensité de votre persévérance dépend entièrement de l'intensité de votre désir. Donc pour maintenir une persévérance saine il faudra juste aller chercher du côté de la qualité de votre désir.

Si tous nos rêves sont atteignables, il est évident qu'il faut y travailler et que nos aspirations se doivent de rester dans le domaine du « raisonnable ». La persévérance est une valeur fondée sur un principe simple : en restant au contact de nos émotions, nos désirs et en prenant conscience de notre potentiel intrinsèque, nous pouvons accomplir de grandes choses.

Mais l'énonciation de cette vérité ne remet pas en cause la nécessité de véritablement se donner les moyens d'évoluer, à travers une prise de responsabilité face aux évènements de notre quotidien. La persévérance inclut la notion d'apprentissage. Elle représente par conséquent une aptitude à tirer le meilleur de l'échec et non à s'y arrêter. Contrairement à l'obstination, elle permet de véritablement franchir des paliers, en ce qu'elle se base sur les leçons de la vie pour nous faire grandir, nous apprendre à mieux nous préparer à surmonter les épreuves décisives de notre existence.

Nous savons que le point de départ de toute réussite est un objectif clair soutenu par un désir ardent, certains diraient une obsession saine. De ce fait, des désirs faibles donnent des résultats faibles exactement comme une petite quantité de feu donne une petite quantité de chaleur. Donc, si vous manquez de persévérance, il est possible d'y remédier en attisant vos désirs.

Mais qu'est-ce donc le désir ?

Tout être humain assez âgé pour comprendre la vie, souhaite croître, s'accomplir et continuer à se réaliser. Mais ce n'est pas le souhait qui accomplit, c'est le désir, c'est l'état d'esprit qui tourne à l'obsession. C'est la planification des moyens et solutions pour acquérir, et c'est la persévérance qui vient en appui de ce plan. Une persévérance qui nie tout échec. Le désir n'est pas un espoir. Ce n'est pas non plus un souhait. C'est une pulsion qui transcende absolument tout. Le désir ou la ferme résolution n'est pas simplement se fixer des buts, c'est votre feuille de route pour atteindre votre idéal. Il a un effet de synergie sur vos capacités. Il vous pousse à améliorer ce que vous faites, à mobiliser vos ressources pouvant soutenir votre objectif, en conséquence vous devenez plus attentifs aux opportunités et vous prenez vos décisions beaucoup plus rapidement. Un désir doit être généralement une pensée prédominante chez l'individu et doit imprégner de ce fait votre conscient tout comme votre subconscient. Il semble parfois que les choses ne se déroulent pas comme nous le souhaitons. Vous commencez alors à vous inquiéter et à penser que vous vous dirigez dans la mauvaise direction. Eh bien je peux vous affirmer que ce n'est pas le cas tant que vous ancrerez solidement l'image de votre désir dans votre subconscient. Si vous faites cela, vous continuerez à vous déplacer dans la seule direction possible, c'est-à-dire à vous rendre là où vous désirez aller. Voici quatre choses essentielles pour créer l'habitude de la persévérance. Ces choses ne réclament que des aptitudes innées chez vous, donc accessibles à tout un chacun. Notez les bien et cogitez les jusqu'à ce que ça s'imprime dans votre esprit.

Sachant cela, il devient plus facile de cerner comment créer les conditions de la réussite et ne surtout pas baisser les bras si des déceptions apparaissent le long du chemin.

Faire preuve de persévérance, c'est donc s'autoriser à faire des erreurs, **rester tolérant envers soi-même** et ne jamais perdre de vue car chaque étape nous rapproche de nos objectifs et de notre idéal de vie. L'unique but de ce livre étant de vous doter d'un instinct de vainqueur, il est toujours plus pratique d'avoir une trame de lecture pour mettre en place les puissantes idées proposées. De ce fait je vous propose ces actions suivantes :

1. Décidez d'un but précis soutenu par un désir brûlant de le réaliser
2. Un plan défini soutenue par une action continue
3. Une attitude absolument résolue et imperméable aux influences négatives et décourageantes, parmi lesquelles toutes suggestions négatives venant de l'extérieur de vous. Je veux nommer la famille, les amis, les proches, les médias et autres sources de suggestions
4. L'intégration d'un cercle de personnalités positives. Comme le montre l'étude réalisée par l'université de Yale, nous sommes la somme totale des cinq personnes que nous fréquentons régulièrement. Autrement dit, entourez-vous de gens positifs, lisez de la lecture positive, regardez des émissions positives, inspirez-vous de personnalités positives. Construisez une architecture d'inspiration positive de par vos diverses activités.

Ces quatre éléments sont essentiels pour votre réussite, quel que soit l'objectif que vous cherchez à atteindre. Leur adoption vous permettra de prendre en main votre destinée. Ils seront pour vous la voie de la liberté et de l'autonomie de pensée. Votre lampe d'Aladin qui ouvrira pour vous les portes de la réussite. Ils ouvriront pour vous la voie du pouvoir, de la célébrité et de la reconnaissance si telle est votre intention. Ils vont transformer votre rêve en réalité et de surmonter la peur, le découragement et l'indifférence.

De magnifiques récompenses attendent tous ceux qui adoptent ces quatre éléments. Parmi elles, le privilège d'écrire votre propre histoire et surtout d'obtenir de la vie ce que vous lui demanderez.

PRINCIPE N° 10 : LE PRINCIPE DE POLARITE OU COMMENT METTRE VOS EMOTIONS POSITIVES A VOTRE SERVICE

« Tout est Double ; toute chose possède des pôles ; tout a deux extrêmes ; semblable et dissemblable ont la même signification ; les pôles opposés ont une nature identique mais des degrés différents ; les extrêmes se touchent ; toutes les vérités ne sont que des demi-vérités ; tous les paradoxes peuvent être conciliés. »
LE KYBALION

Dans le KYBALION, traitant de la philosophie hermétique et des sept lois naturelles qui gouvernent l'univers, nous pouvons noter ce quatrième principe qu'est le principe de la polarité. Sans entrer dans les détails, nous verrons que maîtriser ce principe et surtout l'adopter comme philosophie, nous rend maître de nos émotions et de nos états mentaux. Une maîtrise qui se retrouve partout où vous verrez un leader, partout où vous verrez de la réussite et du succès, partout où vous verrez du charisme et du sang froid. Et c'est cet état d'esprit que nous cherchons à éveiller chez vous à travers ce chapitre. J'ai voulu inclure ce dixième principe dans ce livre, pour vous sortir de la réalité communément accepté qui veut que nos humeurs soient en réactions aux aléas du monde extérieur au lieu d'être une décision authentique de notre conscience. Quiconque maîtrise ce principe sera capable de modifier sa propre polarité aussi bien que celle des autres.

D'une manière imagée, ce principe veut que lumière et obscurité soient deux pôles d'une même chose entre lesquels il y'a de nombreux degrés. De même pour calme et bruyant, facile et difficile. Bien et mal ou bon et mauvais suivant les mêmes termes employés ne sont pas absolus ; nous appelons une extrémité de l'échelle bon et l'autre extrémité mauvais. Une chose est" moins bonne " que la chose qui lui est immédiatement supérieure à l'échelle. Maintenant par souci de pragmatisme, venons-en au plan du mental et des émotions. Il s'avère qu'il en est absolument de même. Par exemple, l'Amour et la Haine sont généralement considérés comme des sentiments diamétralement opposés, entièrement différents, inconciliables. Mais si nous appliquons le principe de polarité, nous constatons qu'un Amour Absolu ou une Haine Absolu, n'existent pas. Il y'a des degrés d'Amour et de Haine et il arrive un moment où l'un et l'autre sont si faibles qu'il est difficile de les distinguer. Et ce même principe s'applique au Courage et à la Peur.

C'est ce fait qui permet à l'humain de transmuter un état mental en un autre, grâce à la polarisation. Les choses qui appartiennent à des classes différentes ne peuvent pas être changées les unes en les autres, mais celles d'une même classe peuvent l'être, c'est à dire que leur polarité peut être modifiée. Ainsi l'Amour ne devient jamais l'Est ou l'Ouest, mais il peut et se transforme souvent d'ailleurs en Haine ; de même la Haine peut se transformer en Amour, grâce à un changement de polarité. Le Courage peut se transformer en Peur et vice-versa. Prenez le cas d'un homme craintif. En élevant ses vibrations mentales sur l'échelle crainte-courage, il peut acquérir un degré supérieur de courage et d'intrépidité. De même que l'individu mou, inerte, peut se changer en homme actif, énergique, simplement en se polarisant suivant la qualité désirée.

COMMENT ETRE MAITRE DE SES ETATS MENTAUX OU COMMENT BIEN MAITRISER SES EMOTIONS, SENTIMENTS ET HUMEURS ? ET SURTOUT, COMMENT EN USER POUR FORMER VOTRE CARACTERE, PERSONNALITE ET ATTITUDE ?

C'est ce principe de polarité que tous les sages ont utilisé durant des millénaires. Il est aussi connu sous le nom d'alchimie mentale où une maîtrise totale de nos états mentaux devient un gage de puissance, de sagesse et de pouvoir.

Dans ce chapitre, nous voulons non seulement mettre en évidence les états mentaux qui nous sont nuisibles afin de les éviter, mais aussi ceux qui nous sont propices et qui nous dynamisent et font de nous des êtres forts, saints, puissants, harmonieux, heureux. Nous voulons aussi montrer à travers ce chapitre, que nous sommes maîtres de nos états mentaux et surtout comment en prendre possession par le biais de notre volonté selon le principe de la polarité ou de l'alchimie mentale. Ensuite, pour vous guider, je vous soumettrais les sept états mentaux positifs qui seront à entretenir par la force de votre volonté et par la connaissance des principes inhérents. Puis, les sept autres états cette fois ci négatifs dont il faut absolument vous séparer, si vous ne voulez pas gaspiller votre énergie créatrice et amoindrir vos forces mentales et émotionnelles.

Les phénomènes positifs et les phénomènes négatifs ne peuvent pas occuper votre esprit en même temps. L'un des deux doit être dominant. C'est votre responsabilité de veiller à ce que les phénomènes positifs soient l'influence dominante dans votre esprit. Autrement dit, votre attitude mentale prédominante. C'est là que la loi de l'habitude ou le principe de la périodicité vous aidera. Prenez l'habitude de faire appel autant que possible à vos émotions positives par la force de votre volonté. Elles finiront par dominer si complètement votre esprit que cela va devenir votre état de veille naturel. Ainsi, les états négatifs n'auront plus leur place dans votre esprit donc ne pourront plus y entrer.

La répétition étant la clé pour faire accepter au subconscient les changements que vous souhaitez voir se produire dans votre vie, alors je ne répéterais jamais assez que le subconscient est le seul créateur qui soit. De ce fait, s'il est avéré que le subconscient réagit mieux et plus vite aux pensées chargées d'affectivité, il est essentiel que vous vous familiarisiez avec les plus importantes, c'est à dire celles empreintes d'émotions positives. Laissez-moi cependant vous mettre en garde concernant les émotions et la manière dont elles sont traitées par le subconscient. Les émotions négatives, pénètrent vos pensées naturellement et vont directement à votre subconscient sans aucune aide de votre part. Tandis qu'aux pensées positives, il faut que, par le principe de l'autosuggestion, vous les fassiez pénétrer dans les impulsions de la pensée que vous voulez communiquer à votre subconscient. Ces mêmes pensées, lorsqu'elles ont été bien imprégnées d'affectivité, sont suivies d'effet beaucoup plus facilement que celles qui n'émanent que de la " froide raison ". Prenons l'enthousiasme par exemple : C'est une attitude mentale positive - une force intérieure compulsive d'intense émotion, une puissance qui contraint à la création ou à l'expression. Vous êtes sur le point d'influencer le mécanisme intérieur de votre subconscient et surtout de le placer sous votre contrôle afin de lui transmettre votre désir de créer une vie sur mesure, la vie que voulez à présent vivre par-dessus tout.

Il est donc impératif que vous sachiez comment aborder cet " auditoire " intérieur. Il faut lui parler son langage, et le langage qu'il comprend le mieux est celui des phénomènes psychologiques que sont les émotions et sentiments. Pour cela, vous devez vous polariser consciemment sur les sept principaux phénomènes psychologiques positifs que je vais vous présenter afin de vous faciliter la tâche. Ensuite, je vous suggérerais les sept autres cette fois ci négatifs que vous devez absolument éviter si vous voulez diriger positivement la force créatrice de votre subconscient. Selon la psychologue Américaine Barbara FREDERICKSON chercheuse en psychologie positive, les émotions positives que nous ressentons ont une capacité double. Selon sa théorie, les émotions positives ne sont pas seulement bonnes du fait des sensations agréables qu'elles nous donnent au moment où nous les ressentons, mais ont des effets collatéraux non négligeables. Parmi ces effets nous avons une qualité de vie meilleure gage de bien être, de vitalité et de stabilité émotionnelle. Mais nous avons aussi une meilleure productivité aussi bien professionnelle que sociale. Voici donc sans plus tarder les sept états positifs que vous devez adopter et en faire une attitude mentale prédominante

- **Le désir**

Le désir ou une ferme résolution à un effet de synergie sur la capacité à atteindre un but. Ça nous pousse à améliorer la qualité de nos prestations, et mobilise toutes nos ressources en vue de notre objectif. Nous devenons plus attentifs aux opportunités et nos prises de décisions sont plus rapides. Car une seule question conditionne toutes nos actions : est-ce que cette étape va m'aider ou non à réaliser mon désir, à atteindre mon objectif ? Un désir est l'état d'esprit qui tourne à une douce obsession mais saine. En conséquence, on planifie, on persévère, on nie totalement l'existence de l'échec.

- La foi ou la confiance en soi

La confiance en soi est le premier secret du succès nous disait Ralph Waldo Emerson. La foi est une émotion qui, lorsqu'elle est associée à une impulsion de la pensée, accroît encore sa puissance d'action. Toutes les pensées qui reçoivent une charge émotive par la médiation de la foi c'est à dire une croyance totale en vos capacités, commencent immédiatement à se transformer en une réalité tangible d'une intensité équivalente.

- L'enthousiasme

L'enthousiasme et une puissante attitude mentale qui contraint à la création ou à l'expression de soi. Celui qui est saisi d'enthousiasme éprouve un besoin compulsif d'extériorisation et d'expression dans l'action. Une telle personne sort toujours du lot car elle inspire, elle motive et surtout elle adhère et fait adhérer. Cette personne fera toujours aboutir ses visions, quelles qu'elles soient.

- L'espoir

Nous connaissons tous le proverbe " L'espoir fait vivre ". Notre présent et notre implication dans nos activités ne seront jamais aussi satisfaisants que si nous ressentons l'espoir et la confiance dans l'avenir. L'esprit est un puissant aimant et en tant que tel, il attire tout ce qui correspond à son état dominant. L'espoir dicte cet état, il gouverne et attire tout ce qui correspond à votre état d'esprit. L'espoir peut être une bénédiction, mais d'une manière ou d'une autre elle est certainement l'une des forces invisibles les plus puissantes.

- Le courage

"J'ai appris que le courage n'est pas absence de peur, mais la capacité de la vaincre" nous disait l'illustre Nelson Mandela qui a subi vingt-sept années d'emprisonnement pour ses convictions, il doit certainement savoir de quoi il parle. Le courage donc peut vraiment être une capacité presque indispensable dans votre décision de réclamer à la vie une juste mesure.

- La joie

La joie est une émotion agréable ou un sentiment de satisfaction ou de plaisir de durée limitée, qu'éprouve un individu au moment où une de ses aspirations, ou un de ses désirs vient à être satisfait d'une manière réelle ou imaginaire. Nous dit-on en générale. Moi je dirais que la joie nous met dans un état d'esprit réceptif et dans une attitude mentale positive, propice à toute créativité et à tout enthousiasme.

- La sérénité

J'aime bien cette phrase de Henri-Frédéric Amiel qui de manière très pertinente illustre cette notion de sérénité : "Le mécontentement de soi ou de son sort, l'anxiété d'esprit ou de conscience, la vie précaire, le travail provisoire, l'existence in-promptu, l'avenir indécis, le présent vacillant, empêchent la sérénité et détruisent la paix intérieure". Un esprit serein avance avec sang-froid sans cette crispation semi-animale qui cause un mal être tel que beaucoup de personnes atteignent leur objectif avec un arrière-goût d'insatisfaction.

A présent voyons de plus près les états mentaux qui peuvent être fatales non seulement à votre démarche de manifester une vie meilleure, mais aussi à votre bien être, votre santé et votre épanouissement en règle générale :

- **La peur**
La peur est l'émotion négative la plus nocive. Elle paralyse littéralement vos sens. Le principal obstacle à la réalisation personnelle est la peur de l'échec. L'individu sait que s'il rate, il va se trouver lamentable. Cette peur s'exprime généralement par des jugements négatifs – « je suis trop stupide pour y arriver » – ou par des prétextes fallacieux pour ne rien entreprendre – « inutile d'essayer, ce n'est pas mon truc ». Nous devons également apprendre à nous méfier des idées fixes comme « je ne serai heureux que le jour où je trouverai le "bon" partenaire, le "bon" poste… »

Des certitudes qui condamnent nécessairement à l'inaction. Surtout si elles sont renforcées par les paroles assassines de nos proches. L'image du héros qui triomphe de l'adversité tout seul et qui a raison contre le monde entier n'est, justement, qu'une image. Même si nous sommes les principaux artisans de notre chemin de vie, l'influence de l'entourage pèse incontestablement. Continuer d'avoir confiance en soi quand personne ne vous soutient n'a rien d'évident. Pas plus que de l'acquérir quand on est issu d'une famille de grands anxieux.

- **La jalousie**

Nous pouvons définir la jalousie comme étant une émotion secondaire qui représente des pensées et sentiments d'insécurité, de peur et d'anxiété concernant la perte anticipée ou pas d'un statut, d'un objet ou d'un lien affectif ayant une importante valeur personnelle. La jalousie est un mélange d'émotions comme la colère, la tristesse, la frustration et le dégoût. Elle ne doit pas être confondue avec l'envie. Elle démontre un vrai manque de connaissance de soi, de ses capacités et de la loi de la compensation. La réussite d'une tierce personne ne diminue en rien votre propre réussite. La source est intarissable. Donc focalisez votre force et énergie sur des émotions qui vous font avancer.

- **La haine**

La haine est une force délibérément déstructurante et déshumanisante, arme principale de la perversion. Il est important de distinguer l'agressivité, qui est une pulsion de vie, de la haine, qui est une force de dépersonnalisation. La haine peut prendre les formes les plus socialisées ; elle refuse le nouveau, tourne vers le passé, produit la répétition et dépersonnalise. La haine n'attrape pas la vérité, elle l'enserre à l'intérieur d'une pensée immobile où plus rien n'est transformable, où tout est pour toujours immuable. Entretenir la haine est comme boire du poison et espérer son ennemi en mourir. Un sentiment à bannir si vous voulez conserver votre force vitale avec des choses qui vous procure bien-être et vitalité.

- **La vengeance**

La meilleure des vengeances est l'absence de vengeance : allez de l'avant et soyeux heureux. J'aime bien cette phrase que j'ai dû lire quelque part. Il décrit parfaitement le détachement nécessaire et surtout l'attitude la plus saine à l'égard de la vengeance. A quoi bon se venger si c'est pour se retrouver avec un arrière-gout de poussière dans la bouche. Car si la vengeance peut provoquer une satisfaction passagère, nous ne sortons jamais grandi après un acte de vengeance. Très souvent, nous nous rendons compte de la futilité de notre acte immédiatement. Souvenez-vous, deux états mentaux opposés ne peuvent coexister chez la même personne au même moment. Si vous entretenez l'Energie de la vengeance, vous vous privez par la même occasion de la puissance du pardon. Paroles à méditer.

- L'avidité

L'avidité est l'un des cinq principaux traits négatifs du caractère. Sa définition, selon le petit Robert, est : "Désir immodéré de quelque chose, vivacité avec laquelle on le satisfait". Ses synonymes sont, entre autres : voracité, gloutonnerie, concupiscence, cupidité, âpreté au gain, etc. Être avide, c'est en fait vouloir toujours plus, dans un mouvement égoïste qui ramène tout à soi, qui prend, qui accumule, qui amasse. Généralement l'avide est obnubilé par le gain à un point où, il ne profite plus de ses acquis. Très souvent son obsession est telle qu'il passe son temps à s'inquiéter de tout et d'imagine le mal partout.

- La superstition

La superstition est la croyance irraisonnée fondée sur la crainte ou l'ignorance qui prête un caractère surnaturel ou sacré à certains phénomènes, à certains actes, à certaines paroles. Le superstitieux se prive vraiment de sa force. Car au lieu de se responsabiliser et d'être capitaine de son destin, il se désengage et remet ses affaires entre les mains d'une force extérieure en lui, ou d'une situation étrangère à sa volonté. Très souvent, il cherche toujours une personne, situation ou une force à blâmer. Si vous vous retrouvez dans cette description, travaillez immédiatement cette attitude, autrement les dix principes du livre ne vous aideront pas. Aucune méthode ne saurait vous aider.

- **La colère**

La colère n'est ni bonne ni mauvaise. Il est parfaitement sain de ressentir de la colère lorsque vous pensez être trahi ou victime d'une injustice. Le sentiment n'est pas un problème en soit, c'est ce que vous faites qui peut faire la différence. Lorsqu'elle blesse autrui ou vous-même, la colère devient alors un problème. Les personnes ayant un tempérament « chaud » ont l'impression qu'elles n'ont peu voire pas de possibilité de « calmer la bête ». C'est totalement faux. Il est possible d'apprendre à exprimer ses émotions d'une façon qui ne blesse pas autrui. Non seulement vous vous sentirez mieux, mais vous serez plus efficace pour rencontrer vos besoins. L'art de maitriser ses émotions est une compétence qui, comme du sport, demande un entrainement. Plus vous pratiquerez, meilleur vous serez. Et le jeu en vaut la chandelle. Apprendre à contrôler votre colère et l'exprimer d'une façon appropriée peut vous aider à construire de meilleures relations, d'atteindre vos objectifs et de vivre une vie en accord avec vos valeurs.

La volonté et la détermination ne suffisent pas à elles seules pour atteindre le succès. Les émotions sont les ingrédients indispensables qu'il vous faudra prendre en compte. Nous avons tous parfois souhaité avoir plus de volonté. Si seulement nous avions plus de maîtrise de soi, de courage ou la capacité de voir plus loin, nous serions plus persistants dans la poursuite de nos objectifs. Mais ce scénario pose un problème : la volonté ne fonctionne généralement pas. La volonté seule ne peut garantir que vous résisterez à la tentation d'arrêter de poursuivre vos objectifs à long terme. Cela échouera et probablement au moment où vous en aurez le plus besoin. Pour réaliser quoi que ce soit, les émotions doivent être au rendez-vous. Votre volonté vous permet de choisir dans la multitude l'objet de votre désir, il vous permet de garder une intention ferme et une concentration continue, mais si elle n'est pas soutenue par des émotions en l'occurrence celles que nous venons d'énumérer, vous abandonnerez aussi certainement que vous avez commencé.

Une première étape importante consiste à prendre davantage conscience de ce que vous ressentez. Durant la journée, beaucoup de gens ne vivent leurs émotions que de manière superficielle, ignorant les courants sous-jacents affectant leurs pensées et leurs perceptions. Afin de mieux comprendre vos émotions, vous devez être plus conscients de ce qui se passe dans votre monde des sentiments. Ce n'est pas difficile à faire, mais il faut ralentir de temps à autre et faire le point. Vous découvrirez de nouvelles choses à propos de vos schémas émotionnels et de ce qui déclenche en vous des émotions moins désirables. Cette nouvelle conscience émotionnelle de soi fournit la base pour apprendre ce qui doit être changé.

Utilisez-vous vos émotions à votre avantage ou les laissez-vous vous contrôler ? Votre bagage mental et émotionnel est principalement votre instrument de mesure entre ce que vous dites vouloir et ce que vous vivez réellement au quotidien. C'est le moteur dominant de vos choix et de vos comportements, et peut être votre premier rempart pour votre épanouissement au quotidien. Nous connaissons tous le pouvoir de nos émotions sur nos réactions. Nous savons qu'il nous était possible d'agir sur elles en les comprenant. Mais dans la réalité, très peu de gens font le rapprochement entre leurs émotions et leurs décisions et comportements au quotidien. Les émotions sont des puissances de l'esprit et, comme toutes les puissances de l'esprit, elles influencent notre corps et notre vie entière. L'émotion peut donc être considérée comme un E-Motion. Énergie en mouvement.

Bien que toutes les pensées soient chargées d'énergie dans une certaine mesure, les émotions peuvent très souvent avoir une influence très puissante sur notre réalité, de ce fait, ce que nous attirons dans notre réalité physique individuelle, nous le créons en fonction de ces pensées ou émotions.

RÉSUMÉ DE "UN INSTINCT DE SUCCÈS"

« Quiconque pratique les instructions de ce livre, réussira certainement sa vie. Le bonheur, la richesse, la santé, le succès, la réussite et le bien-être qu'il recevra seront en exacte proportion avec la précision de sa vision, la fixité de son objectif, la solidité de sa confiance en soi et sa persévérance dans l'action. Telle est la loi d'attraction sous l'impulsion de la loi de liaison de cause à effet »

Mac KAUKA

Nous déclarons qu'il existe une formule de l'accomplissement. Il existe une trame de pensées et de comportements, une attitude qui mène irréfutablement à la réussite et au succès. Il est infaillible à l'instar des sciences exactes. Cette attitude ne requiert qu'application, diligence et concentration appropriée. La seule condition est de connaître les principes et de s'y conformer. **"UN INSTINCT DE SUCCÈS"** vous révèle ce grand secret des âges à travers **10 principes de vie** que bien des personnes ont tenté de garder secret depuis des centenaires.

Dans un premier temps, nous affirmons que la pensée est la cause première de toute manifestation. Que rien ne se passe dans ce monde tangible sans l'impulsion de la pensée. La pensée gouverne le monde entier. Elle gouverne tout gouvernement, toute entreprise, toute vision, tout progrès et toute finalité. Le monde de la pensée est le monde pratique dans lequel les hommes et les femmes de pouvoir engendrent les qualités de courages, d'enthousiasme, de confiance et de foi leur permettant d'acquérir les compétences pratiques et l'élan nécessaire pour réaliser leur vision. Et c'est cette même vision qui permet à l'homme de vivre en parfaite harmonie avec la nature et les éléments.

Ensuite déclarons que la pensée se solidifie dans l'attitude qui est tout simplement la pensée en action. Nous en profitons pour déclarer que si certains hommes réussissent toutes leurs entreprises avec aisance, si d'autres les réussissent avec difficultés et si une bonne partie ne réussit jamais rien de ce qu'elle entreprend peu importe l'ardeur avec laquelle elle se jette dans le labeur, la cause ne peut certainement être physique. Nous le justifions en constatant que sinon les personnes les plus parfaits physiquement seraient les plus prospères et que tel n'était pas le cas. En conclusion alors, la différence ne pouvait être que mental, et que celui-ci ne se manifeste que dans l'attitude.

En troisième lieu, nous mettons en évidence cette loi naturelle qui veut que tous les changements suivent la loi de liaison de la cause à effet et que rien ne peut échapper à cette vérité absolue qu'aucune dérogation ne peut abolir. Nous pouvons nous réjouir de cette idée car cette même loi permet à l'homme sage de déterminer les circonstances et conditions qu'il souhaite manifester tout simplement en entretenant des pensées de même nature que sa réalité de prédilection. Nous illustrons ce fait avec la citation de James ALLEN qui veut que l'homme, par l'outil de la pensée, modèle sa réalité.

Puis en prenant compte que si 95% de notre vie est régie par notre subconscient et si seulement 5% dépend de notre conscient, alors notre pouvoir créateur doit se situer au niveau du subconscient et que ce dernier doit être le seul créateur qui fait de nous maître de notre propre destin. Nous poussons notre thèse en vous montrant comment utiliser le subconscient pour le préparer à l'effort de création pour la manifestation de votre désir. Nous avons alors compris que pour donner une direction à ce dernier, notre volonté ne suffit pas et qu'il faut le faire par le truchement d'une pensée répétitive vers une seule et même direction.

Cette conclusion nous montre l'importance d'un objectif clair car tel un capitaine de navire qui décide de son trajet et de sa destination avant son départ du port avec toutes les garanties d'une arrivée certaine à bon port, l'homme de même doit se donner une direction et un objectif s'il souhaite réaliser quoi que ce soit dans la vie.

Pour se faire, l'homme doit veiller constamment à l'image mentale qu'il entretient, aux affirmations qu'il se déclare car le subconscient est considéré comme une terre fertile et les images comme des graines. Et en guise de parabole nous vous mettons en garde de la nature des graines que vous y semé car, peu importe votre choix, votre fidèle serviteur fera croître sans partie prise les graines que vous lui présenterez. Celles qui vous sont agréables comme celles qui vous sont nocives.

Nous appelons cette impulsion créatrice l'intention. L'intention se définie comme étant un but ou un dessein clairement affirmé, accompagné de la détermination ferme d'obtenir le résultat désiré. A ce stade de notre enseignement, nous considérons que l'étudiant maîtrise les cinq premiers principes et qu'il nourrit son esprit de son intention qui bien évidemment est de nature positive.

De ce fait, pour transcrire votre intention en réalité tangible, vous serez obligatoirement amené à dresser des plans qui vous permettront de mener les actions appropriées pour atteindre votre but. Pour dresser ces plans, l'imagination créatrice sera votre seule et meilleure alliée. Car comme nous l'avons prouvé plus haut, l'imagination est la source et l'atelier de toute création et que tout ce que l'homme peut imaginer, l'homme peut le réaliser.

L'enseignement continu en nous disant que la ligne qui sépare la réussite et l'échec est aussi mince qu'une file de rasoir ce qui fait de la persévérance l'ingrédient indispensable pour atteindre vos objectifs. Le manque de persévérance est l'une des principales causes d'échec. De ce fait, si vous constatez que vous pratiquez la procrastination ou le manque de persévérance, cherchez du côté de votre désir. Des désirs faibles donnent des résultats faibles car le désir est un des facteurs essentiels pour maintenir une persévérance. Afin de remédier au manque de persévérance, nous vous suggérons d'attiser votre désir.

Enfin dans le dernier paragraphe, nous terminons en mettant en évidence l'importance des émotions positives et surtout comment les utiliser à travers le principe de polarité, pour dominer vos états mentaux, sentiments et humeurs en vous suggérant les émotions à entretenir et celles qui sont à bannir si vous voulez voir aboutir votre quête de croissance.

En conclusion, comme dirait Norman Vincent PEALE, vos attitudes importent plus que les faits. Cette anecdote illustre bien le comportement que nous essayons de vous faire adopter. Retenez bien alors son sens profond, c'est une vérité qu'il est indispensable de saisir. Les difficultés apparemment insurmontables, importe moins que l'attitude que nous adoptons à leur égard. Ceci veut tout simplement dire que, votre façon d'envisager une situation, peut vous vouer d'avance, à l'échec. Par contre, la confiance et l'optimisme peuvent influencer les événements et même permettre de surmonter tout problème éventuel.

CHANGEZ DE PARADIGME POUR CHANGER DE RESULTATS

Ancien paradigme versus Nouveau paradigme

« Ce changement de paradigme de l'ancien vers le nouveau représente un changement dans notre perception, une manière nouvelle d'appréhender d'anciens problèmes. C'est une sorte de grille de lecture différente de celle dont nous avons l'habitude, un « référentiel » différent de notre réalité. Et compte tenu de la réalité présente, changer de paradigme est vivement recommandé.
Nous pouvons en effet aborder notre réalité sous un autre angle – tout autre. Et nous pouvons améliorer notre vie, nos relations avec autrui, si nous changeons d'abord nous-mêmes notre façon d'être et de faire »

Blog – Être proactif.

Einstein disait à juste titre que la folie est de faire la même chose et d'espérer des résultats différents. Vous ne pouvez pas encore une fois, récolter du maïs après avoir semé des carottes. La vie est régie par des principes immuables. De ce fait, si vous voulez changer votre condition et les circonstances de votre vie, il faudra que vous deveniez une autre personne. En d'autres termes, il va falloir changer de paradigme. Certains de vous se demandent surement « mais de quoi parle-t-il ? » Un paradigme est l'ensemble de vos croyances, interprétation, concept et philosophie faisant de vous ce que vous êtes. C'est comme un logiciel programmé à se comporter d'une certaine manière. Plus de quatre-vingt-dix pour cent de la population obtiennent les mêmes résultats d'une année à l'autre et se demandent comment est-ce possible. Ils répètent tout simplement le même disque qui aussi certainement qu'un logiciel programmé, joue la même musique. Si vous en avez marre de la musique qui tourne, changez tout bonnement de disque et vous entendrez autre chose.

Comme j'ai dit tout au début, nos comportements sont gouvernés par des principes. En vivant en harmonie avec eux, nous engendrons des conséquences positives. En les enfreignant, nous engendrons à contrario des conséquences négatives. C'est aussi simple que cela. C'est pourquoi il est nécessaire de changer de paradigme. Nous pouvons dans un sens définir les paradigmes comme les plans d'une ville. Imaginez-vous avec un plan de Bruxelles entre les mains, et ensuite vous vous mettez à chercher une rue dans Paris, vos chances de trouver votre chemin ne sera même pas une question de chance. C'est juste mathématiquement impossible. C'est la même chose des personnes avec la mauvaise habitude. Peu importera votre acharnement à la tâche, vous ne verrez aucun résultat satisfaisant. Vous ferez certes beaucoup d'effort, vous sentirez même une certaine injustice, mais vous ne changerez pas loi car elle est immuable.

Tout être humain veut réussir, de manière consciente. Car nous savons tous que la réussite vaut mieux que l'échec. Pourquoi pensez-vous que nous faisons autant d'efforts pour réussir ? Car tout simplement les avantages ou les raisons de faire pour réussir résident dans notre conscient. Toutefois, parce que vos raisons de ne pas faire pour réussir sont enfouies dans votre subconscient, c'est comme si vous cheminiez sur la route de la vie en faisant un pas en avant et trois en arrière.

Si vous avez déjà lu un livre de développement personnel ou assisté à un séminaire de la même thématique, ces quatre sempiternels étapes vous seront familiers. Car ils vous diront tous :

1. **Fixez-vous un objectif**
2. **Etablissez un plan d'action**
3. **Passez à l'action**
4. **Persévérez**

Le problème dans cette stratégie, c'est qu'ils ont plus ou moins parlé à votre conscient, mais comme vous le savez à présent, notre conscient n'a que 5 à 10% d'impact sur notre réussite. C'est le subconscient qui est maitre à bord. C'est à lui donc qu'il vous faudra vous adresser si vous voulez avancer naturellement et automatiquement vers votre but. Autrement, ce sera une histoire de volonté. Et la volonté, comme l'a si bien dit Le docteur et psychologue Emile Coué, ne peut tenir tête à l'imagination ou si vous voulez le subconscient, autrement dit le paradigme en action.

5% de la population mondiale contrôle 95% des ressources mondiales. Alors pourquoi ne pas les suivre au lieu de suivre la foule ?

Ils sont passionnés et concentrés, mais beaucoup de gens le sont aussi. Alors, quelle est la différence clé ? En un mot, c'est leur paradigme - leurs croyances (en soi), leurs valeurs et leur focalisation positive spécifique et absolue sur leur désir ardent - ils savent ce qu'ils veulent et savent comment l'atteindre.

Votre paradigme est « situé » dans votre subconscient ; certains disent, y compris les anciens Grecs, que cela est dans votre cœur. Pour moi, c'est un peu la même chose - tout est question de passion, d'amour, de sentiments, d'émotions ; tous les attributs que vous associez au cœur. Votre esprit conscient n'est responsable que de 5 à 10% de votre processus de pensée, l'équilibre provient de votre subconscient. Il est donc essentiel que votre paradigme soit correct afin de maximiser votre taux de réussite et de vivre vos rêves (et peut-être devenir l'un des 3% ; pourquoi pas ?).

Votre paradigme actuel est le produit de nombreuses années d'influence de vos parents, amis, famille, enseignants et des médias et toutes autres informations venant de diverses sources - certains bons et probablement beaucoup d'aspect négatifs (si vous regardez ou écoutez beaucoup d'émissions de nouvelles à la télé vous avez adopté beaucoup d'informations nuisibles).

Vous allez cependant être ravis d'apprendre que le seul fait de modifier votre modèle de pensée existant peut faire une sacrée différence concernant vos résultats et ceci dans tous les domaines de votre vie. Prenez un domaine de votre vie où vous pensez connaitre des lacunes ou qui vous parait incomplet, décidez volontairement d'impacter ce domaine par la force de votre volonté et le pouvoir de la pensée. Penchez-vous sérieusement sur le cas et décidez franchement de l'améliorer en utilisant les techniques que nous vous avons suggéré tout au long du livre, vous remarquerez un changement considérable en un rien de temps. Cependant pour qu'un changement durable se produise, le paradigme doit changer. Et vous ne pourrez jamais changer votre paradigme par la seule force de votre volonté, ici la répétition sera de rigueur, car ce sera le subconscient qu'il faudra impressionner par le truchement de vos affirmations, autosuggestions et visualisations. Toute autre méthode de changement de paradigme pourrait être superficielle. Votre vie ne connaitra un changement permanent tant que le paradigme n'aura pas été modifié.

Comment pouvez-vous vous exercer pour changer votre paradigme ? Les 10 principes du livre sont exclusivement construits à ce propos. Ils changeront profondément et définitivement votre perception de vous et de votre environnement, mais c'est une pratique que vous devez continuer jusqu'à ce que tout soit naturel pour vous. Pour commencer, il y a deux exercices que vous devez pratiquer. Tout d'abord, prenez un contrôle absolu de votre esprit (cela demandera peut-être beaucoup de pratique - c'est certainement le cas pour moi !) Et devenez l'observateur de toutes vos pensées négatives ou situations de la vie qui vous traversent. Observez-les et laissez-les partir. Réalisez qu'ils ne peuvent vous faire aucun mal dans votre état actuel. Ils seront formés ou perçus à partir du passé (qui n'est plus) ou d'un avenir que vous n'avez pas encore vécu et que vous avez la très forte capacité d'influencer dans tous les cas. Pourquoi ? Parce que vous avez le libre arbitre et pouvez choisir.

La deuxième partie de l'exercice se situe exclusivement en vous - votre état d'esprit ou plus exactement votre état d'être, l'essence même de votre paradigme. Laissez-moi expliquer. Si je devais demander « qui êtes-vous ?», vous pourriez dire «je suis Jean » ou «je suis Jeanne ». Mais ce n'est pas vous. C'est juste un nom ou une étiquette qui aide les autres à vous identifier. Vous êtes votre état d'être - cela pourrait être un sentiment de santé ou de richesse ou de bonheur. Donc, vous diriez : « Je suis heureux » ou « Je suis pascale ». Ces affirmations sont vraiment importantes car ça marche également dans l'autre sens : « Je ne suis pas digne » ou « Je suis malheureux » aurait le même impact négatif. Alors, comment pratiquez-vous ce changement de paradigme ?

Certains d'entre vous ont peut-être déjà deviné. Vous pratiquez et pratiquez et pratiquez (potentiellement jusqu'à 20 fois par jour) vos affirmations positives. Pour obtenir de réels bénéfices, dites-le à haute voix - ceci aidera votre subconscient à les reconnaître et à les accepter, et plus particulièrement à leur donner vie.

Laissez-moi vous dire que, plus rapidement vous comprendrez cette vérité, plus rapidement vous sortirez de votre condition. Il vous faudra radicalement accepter cette idée, pour pouvoir adopter le bon principe. Cependant croyez-moi, en moins de temps qu'il ne faudra pour le dire, votre vie commencera à changer et ceci de manière spectaculaire. Débarrassez-vous donc des croyances anciennes qui veulent que nous soyons condamnés à produire les mêmes résultats car soi-disant nous sommes ainsi faits, ou victimes de circonstances externes. Il n'en est rien ! Nos résultats ne sont que notre paradigme en déploiement. Ceci va passer par l'acceptation totale que nous sommes entièrement responsables de notre condition et ceci par le truchement de notre mode de pensée. Et alors, en toute connaissance de cause, nous reprogrammons volontairement notre paradigme afin de nous doter des qualités allant dans le même sens que notre ambition. C'est la manière la plus naturelle pour croitre. Passons à présent au plan d'action que je vous ai concocté.

L'HEURE EST MAINTENANT A L'ACTION

*« Chaque acte peut devenir fort et efficace si vous gardez à l'esprit votre **VISION** en le posant et si vous y mettez le pouvoir tout entier de votre **FOI** et de votre **DÉTERMINATION**. »*

Wallace D. WATTLES

Une personne démarre presque un projet : une autre le démarre. Un individu termine presque une tâche : l'autre le termine réellement. Un élève réussit presque un examen : l'autre le réussit. Même s'il ne s'agit que d'un pour cent, c'est ce point qui fait toute la différence. J'aime bien cette approche du légendaire Bob PROCTOR car elle illustre bien les deux états d'esprit. Rentrez par exemple dans un wagon de métro parisien et demandez qui a un projet. Sur cent personnes, six personnes peuvent être vont lever la main. Mais parmi ces six personnes les deux n'auront qu'une vague idée de ce qu'ils veulent, car elles n'ont pas encore accepté l'idée qu'elles peuvent y arriver, elles n'ont pas encore pris la peine de coucher clairement leur projet sur papier ni conçu de plans. C'est ce que j'appellerais un rêve au mieux. Ce qui est différent d'un projet. Sur les quatre personnes qui restent, les deux ont "presque" ou sont "sur le point de" là encore, nous sommes loin du compte, ils sont aussi éloignés de leur but que les deux précédentes, et seulement deux personnes sont en réalité en train de suivre un plan d'actions menant à la réalisation de leur idéal. Les cimetières sont remplis de projets avortés ou de projets presque réalisés. Tout ceci, pour vous inciter à passer à l'action. Aussi minime soit -elle. Ce sont les petites actions qui peuvent faire une grosse différence. Qu'essayez-vous d'accomplir ? Quelle petite chose faire aujourd'hui pour augmenter votre efficacité ? Vous êtes probablement à deux doigts d'atteindre le succès. Le plus grand inventeur de tous les temps Thomas EDISON disait dans toute sa sagesse que "Beaucoup d'hommes ayant échoué ne savaient pas que à quel point ils étaient proches du succès quand ils ont abandonné" ne soyez pas parmi ces hommes. Lancez-vous sans hésitation et persévérer jusqu'à aboutissement de vos efforts.

Dans le but de vous accompagner le plus loin possible et de vous fournir le maximum d'indications, je me propose de vous suggérer ci-dessous un plan d'action si simple et si puissant qui vous permettra de déployer vos nouvelles connaissances à travers une nouvelle attitude de pensée et d'action. Ce plan repose et sur mon expérience personnelle et sur les résultats du test suprême de l'expérimentation en générale.

Tout d'abord…

Lisez les dix principes du livre ainsi que les annexes encore et encore et encore. Car souvenez-vous, vous n'êtes pas en train de lire un livre de fiction, mais un livre d'enseignement pratique avec des principes puissants et certains nouveaux pour vous. Donc une relecture n'est jamais de trop. Laissez-vous imprégner par les idées proposées.

Ensuite….

Prenez dans chaque principe l'idée que vous comptez mettre en place dans le sens de votre réussite et de votre bien être et notez-le dans votre journal de plan d'action.

Puis….

Tel que Napoléon Hill l'a suggéré dans son œuvre magistrale "THINK AND GROW RICH", procédez avec cette méthode en six étapes et vous constaterez automatiquement des résultats au-delà de vos espérances.

1. Décidez de votre objectif, celui qui vous tient le plus à cœur en ce moment même. Là il faudra noter précisément le résultat escompté. Exemple : si c'est de l'argent, il faudra noter la somme exacte.
2. Précisez nettement ce que vous avez l'intention de donner en échange. Que comptez-vous faire pour déclencher le résultat que vous souhaitez ? Quelle activité ou occupation comptez-vous mettre en place pour réaliser votre désir ?
3. Fixez-vous une date butoir, c'est à dire la date à laquelle vous comptez entrer en possession de votre souhait. Soyez raisonnable. Ici ce sera en fonction de votre projet, de la maîtrise et des réalités inhérentes. Il faudrait que ce soit scientifiquement et humainement possible.
4. Etablissez un plan rigoureux pour réaliser votre désir et commencez immédiatement, que vous soyez prêt ou non. Le "comment" viendra chemin faisant. Si vous attendez, jamais vous ne vous lancerez car le bon moment arrive très rarement. Lancez-vous et redressez la barre au fur et à mesure.
5. Maintenant, rédigez votre intention en précisant sur papier avec clarté et concision, votre objectif, ce

que vous comptez donner en échange. Fixez une date limite pour la réalisation de votre objectif et décrivez clairement les étapes du plan que vous comptez mettre en place.

6. Enfin, prenez quatre cartes de la taille d'une carte de visite et inscrivez-y le résumé de l'étape cinq. Ensuite placez une carte dans votre portemonnaie, une à côté de votre tête de lit, une autre devant votre miroir de maquillage ou de rasage et une quatrième placée sur la porte de votre placard où vous cherchez vos vêtements tous les matins. Maintenant, lisez à haute voix ce que vous avez couché sur carte, trois fois par jour. Faites-le une fois au réveil le matin, une fois pendant la journée et enfin une fois avant d'aller vous coucher.

Chose importante : RESSENTEZ profondément la JOIE de l'obtenir et soyez en reconnaissant. Tout au long de la journée, dirigez constamment votre attention sur des pensées qui vous font du bien. Si vous vous sentez stressé, déprimé ou mal à l'aise, reportez immédiatement votre pensée sur votre " image mentale claire". Relisez le chapitre sur la loi de la polarité et comment utiliser vos émotions positives.

Autre chose : APPRÉCIEZ constamment ce que vous avez et ce qui vous arrive. Recherchez sans cesse ce qui est appréciable dans votre journée et ressentez de la gratitude pour ces choses.

Et surtout, AMUSEZ-VOUS en appliquant les principes de ce livre. Recherchez à chaque instant ce qui vous rend HEUREUX ! Souvenez-vous, le seul moment qui soit est le moment présent. Le passé n'est qu'une illusion et le futur n'arrivera jamais car nous vivons un éternel moment présent. Le seul moment que vous avez est le moment présent. Soyez alors heureux et faites tout ce que vous pouvez faire sur ce moment.

Vous avez tout le temps ! Habitez-vous par la certitude que vous détenez la lampe d'Aladin, la clé universelle qui vous ouvre toutes les portes menant au succès, à la réussite, au bien-être, à la vitalité et à une bonne santé. Avancez avec sérénité, courage et sang-froid. Vous avez entre les mains une méthode non pas aléatoire comme la plupart des gens, mais une méthode scientifiquement prouvée.

Selon une enquête effectuée auprès de vieilles personnes, le regret le plus récurrent chez eux c'est d'avoir gaspillé leur vie et leur énergie dans des choses vaines et de ne pas avoir suivi le chemin de leur passion car ils ont vécu toute leur vie dans la conformité et la procrastination. Bien souvent, on tâtonne tel un aveugle alors qu'un fil d'ariane menant au bonheur existe et reste disponible pour tout un chacun. Ne soyez pas parmi ceux-là. Prenez en main votre vie avec une méthode toute tracée.

Quant à moi, ma mission est d'accompagner toute personne en quête de soutien, une épaule amicale. J'ai comme ambition de faire parvenir ces connaissances partout où le besoin se fera ressentir. Je reste disponible autant que possible et n'hésitez pas à prendre contact avec moi où avec mes équipes, et ce sera avec honneur et un réel plaisir que j'emprunterais avec vous le chemin qui vous mènera vers la réalisation de vos ambitions les plus élevées. Retrouvez mes contacts ci-dessous et mes lignes resteront ouvertes de nuit comme de jour. Conseillez le livre à vos proches et amis. Aidez d'autres personnes comme vous l'avez été avec ce livre. Partagez le message et aidez les personnes à la traîne à rattraper le train en marche, car l'heure n'est plus à l'ignorance ou à l'hésitation. Si vous faites connaître ce livre ne serait-ce qu'à une seule personne, vous contribuerez à la révolution mentale en marche et offrirez à cette personne une opportunité sans prix de s'élever au-dessus de la multitude et de vivre une vie digne de ce nom.

Ce livre contient encore une fois de plus tout ce dont vous avez besoin pour adopter la bonne attitude envers la vie avec confiance et sérénité. Cependant dans le souci de rester concis et succinct, je n'ai pas pu glisser dedans mes outils de coaching et d'autres éléments de méthodologie et de suivi de votre évolution, n'hésitez pas alors si le besoin se fait sentir, de revenir vers moi à travers mes différents programmes. Et j'accompagnerai votre croissance de la manière la plus rigoureuse et avec un réel plaisir.

Que la santé, l'amour, le bien-être, la joie, la prospérité ainsi que le succès vous accompagnent. Et maintenant, toujours dans cette optique de vous fournir des outils vous permettant d'être maître de vos émotions, de votre condition et des circonstances de votre vie et surtout d'instaurer le bien-être, la tranquillité d'esprit et la maîtrise de soi accompagnant votre réussite, voici quelques annexes en guise de cadeau.

ANNEXE 1 : LES 10 PILIERS DE LA MOTIVATION

« Pour réussir, votre désir de réussite doit être plus grand que votre peur de l'échec. »

Bill COSBY

Vous devez bien vous imaginer qu'une motivation optimale n'est pas simplement une histoire ni de volonté, ni de caprice passager mais une décision venant supporter une intention ferme d'accomplir quelque chose. Et pour que cette motivation perdure dans le temps et surtout pour qu'elle puisse résister aux inévitables obstacles, elle doit être soutenue par des piliers solides.

La plupart d'entre nous ont des tonnes de rêves ou d'objectifs, que ce soit dans notre vie personnelle ou au travail, mais le plus difficile est de trouver le moyen de nous rendre où nous voulons être. Heureusement, un certain nombre d'habitudes peuvent vous aider à rester motivé et à intégrer dans votre vie quotidienne la bonne attitude pouvant vous aider à atteindre le succès que vous désirez. Il est parfaitement normal de se sentir parfois paresseux ou dépourvu d'inspiration, mais c'est à nous de trouver des moyens de maintenir notre motivation.

J'ai l'habitude de dire que la motivation découle d'habitudes intelligentes et non l'inverse. Vous n'avez pas besoin d'être d'abord motivé pour adopter une nouvelle habitude dans votre vie. L'ordre le plus sensé est de commencer une habitude pour qu'elle agisse comme une motivation. Ici votre premier atout sera de vous demander sérieusement pourquoi vous voulez réussir.

Pourquoi vous voulez réaliser ce que vous avez décidé de réaliser, la réponse à cette question doit être murement réfléchie, car elle sera le fondement de base de votre motivation. Autrement dit, votre motif d'action. Une personne qui rentre dans un supermarché et qui vole une pomme parce qu'elle a faim, ne va pas hésiter longtemps malgré les risques encourus. Son acte s'explique par la motivation engendrée par son manque de choix face à la faim. Vous devez être dans ce même état d'esprit pour déclencher une motivation de qualité. Nous avons tous des moyens différents d'atteindre nos objectifs, mais certains conseils utiles peuvent permettre à quiconque de sortir d'un marasme. Si vous sentez que vous avez besoin d'un coup de pouce dans votre éthique de travail ou simplement d'une étincelle de créativité, envisagez d'adopter ces 10 habitudes qui peuvent vous aider à rester motivé autant que possible. Considérez-les comme des piliers clés pouvant supporter votre motivation après avoir répondu à votre question « pourquoi ».

PILLIER N°1 : Aime ce que tu fais, et fais ce que tu aimes.

Lorsque nous faisons ce que nous aimons nous excellons. Nous atteignons souvent un état de flux, qui dope aussi bien la créativité que la productivité. C'est un état dans lequel vous vous engagez pleinement dans ce que vous faites et vous utilisez pleinement vos compétences. Le temps passe vite et la relation entre vous et votre tâche est parfaite.

La poursuite de la maîtrise nous permet d'être satisfaits de notre travail et nous pousse vers un niveau de productivité supérieur. En fait, des études montrent que le désir de défis intellectuels est le meilleur prédicteur de la productivité.

L'inverse a aussi une influence, bien que négative : faire des choses qui ne posent aucun défi ni satisfaction est une source de frustration. Nous devons impérativement veiller à faire ce que nous aimons et à aimer ce que nous faisons.

C'est plus simple à dire qu'à appliquer je vous l'accorde. Ici, selon la méthode PAMIVOM proposée plus haut, trouvez d'abord ce qui vous passionne, ensuite faites en votre mission. Si vous n'abandonnez pas la partie et si vous utilisez votre imagination et votre créativité, vous allez pouvoir vous placez naturellement dans l'univers de votre passion qui fera appelle à vos compétences naturelles. Ensuite s'applique le cercle vertueux qui veut que plus vous maîtrisez une compétence, plus vous appréciez l'exercer.

PILLIER N°2 : Entourez-vous de personnes motivantes

Les gens ont un impact énorme sur votre vie. « Vous êtes la moyenne des cinq personnes avec lesquelles vous passez le plus de temps », a déclaré Jim Rohn, entrepreneur et conférencier motivateur américain. En gardant cela à l'esprit, vous devriez penser aux personnes avec lesquelles vous passez du temps de la même façon que vous pensez à ce que vous mangez et à la façon dont vous vous entretenez.

Certaines personnes peuvent être des parasites. Elles aspirent votre bonheur, votre énergie et peut-être certaines de vos ressources vitales. Vous pouvez passer du temps avec eux dans la même catégorie que de manger des nachos sur le canapé. Voyons ensemble quels sont les avantages de vous entourer de personnes inspirantes.

Nous ne pouvons pas tout faire nous-mêmes. Il est donc important de vous entourer de personnes qui vont vous élever, pas vous décourager. Écrivez au moins cinq personnes pour faire partie de votre équipe de soutien et donnez-leur un rôle à chacune. Par exemple, vous pouvez avoir un ami qui est doué pour vous conseiller et un autre ami qui sait écouter. Vous n'êtes pas obligé de leur dire quel est leur rôle, mais cet exercice vous aide à savoir qui vous devriez tendre la main lorsque vous n'êtes pas sous votre meilleur jour.

Si après avoir exposé à un proche votre intention de vous lancer dans l'entreprenariat et qu'elle vous déclare son scepticisme quant à la réussite de votre objectif, il vous faudra au moins quatre autres validations pour contrer l'effet négative de la première personne. C'est comme si vous avanciez à pas de caméléon. Un pas en avant et quatre en arrière.

L'un des meilleurs moyens de trouver la motivation est de trouver ceux qui sont sur la même longueur d'onde et qui le partage librement. Passez du temps avec ces personnes et vous verrez le monde différemment. C'est simple. Lorsque vous êtes entouré de gens motivés, ils vous contaminent par le principe de l'effet miroir, comme le dit si bien l'adage, qui se ressemblent s'assemblent. Voici plusieurs raisons pour lesquelles vous devriez considérer veiller sur vos fréquentations : Lorsque vous fréquentez quelqu'un de motivé, il vous sera plus difficile de trouver des excuses à tout bout de champs. En outre, vous aurez quelqu'un qui vous remettra en selle avec des encouragements en vous boostant si besoin. Le principe du cerveau collectif est aussi un argument de taille quand on intègre un groupe. Car, si par exemple vous êtes bloqué sur une idée, vous aurez l'aide d'autres cerveaux pour soutenir votre réflexion. Comme vous le savez, deux cerveaux valent mieux qu'une.

PILLIER N°3 : Dégrossissez votre projet en sous étapes

C'est génial d'avoir de grands objectifs à atteindre, tant dans votre vie professionnelle que dans votre vie personnelle. Mais si la distance entre votre position actuelle et vos objectifs est trop grande, vous vous préparez peut-être à l'échec. Les objectifs ambitieux sont d'abord inspirants et motivants, mais ils peuvent devenir intimidants s'ils ne sont pas accompagnés de mesures concrètes pour les atteindre. C'est pourquoi vous devez décomposer vos objectifs en tâches réalisables.

Bien sûr, avant de décomposer vos objectifs en tâches, vous devez avoir des objectifs. Pas seulement des objectifs, mais des objectifs bien établis. Il est important que les objectifs que vous vous fixez soient aussi précis que possible. Prenons l'exemple de la course à pied d'un marathon, nous savons tous que ce n'est pas que le démarrage qui compte. Tout dépend de votre ambition. Si votre objectif est de courir un marathon, qu'est-ce que cela signifie exactement ? Pouvez-vous marcher une partie du marathon ? Voulez-vous terminer dans un délai précis ?

Une étude scientifique du changement de comportement dans le régime alimentaire ou dans le sport montre que des objectifs spécifiques et ambitieux conduisent à de meilleures performances que des objectifs vagues. Il est très probable que cela s'applique également à des domaines autres que la nutrition et l'exercice physique.

Définissez clairement ce que vous visez et écrivez-le. Vous avez vos objectifs, vous avez vos étapes et vos tâches. Il est maintenant temps de commencer à travailler sur chaque tâche.

Le gros avantage de la décomposition de vos objectifs en tâches réside dans le fait que cela crée de petites étapes réalisables. Il ne doit faire aucun doute que vous pouvez effectuer chaque tâche individuellement, ce qui vous donne la confiance nécessaire pour avancer rapidement vers votre objectif.

Mais imaginez-vous debout au pied d'une montagne les yeux vers le sommet éloigné. Si vous regardez au sommet, vous pourriez vous sentir dépassé par l'ampleur de votre randonnée. Vous pourriez même commencer à douter si vous êtes capable de gravir la montagne. Maintenant, si vous regardez à quelques centaines de mètres au-dessus de votre position, vous pouvez le scinder en étapes ce qui tout de suite est beaucoup plus réalisable que de gravir la montagne.

Lorsque vous décomposez les objectifs en tâches, vous divisez ce qui peut sembler impossible en une suite d'étapes réalisables.

Vous pouvez de temps à autre utiliser la technique de la visualisation et vous imaginez là-bas afin de vous rappeler pourquoi vous voulez y arriver. Mais gardez les yeux rivés sur l'étape suivante et marchez fermement vers elle, sachant que c'est ce qui vous mènera au sommet de la montagne.

PILLIER N°4 : Célébrez les petites victoires

Nous voulons tous atteindre nos objectifs et ce sont ces objectifs qui donnent un sens à nos vies - nous donnent quelque chose à poursuivre tout en nous aidant à nous améliorer. Mais avez-vous déjà essayé d'atteindre un objectif ambitieux pour finir par l'abandonner ? Vous avez commencé à travailler pour atteindre votre objectif, mais avec le temps, vous avez eu le sentiment que c'était finalement trop ambitieux. Comment allez-vous pouvoir l'accomplir ? Avez-vous déjà eu le sentiment d'avoir passé autant de temps à essayer d'atteindre votre objectif mais d'avoir l'impression que vous tournez en rond ? Si vous répondez oui à cette question, sachez que vous n'êtes pas seul. En tant qu'humains, nous sommes construits pour voir naturellement les problèmes, c'est un mécanisme de survie dirait-on. Les mauvaises performances nous donnent rapidement le sentiment que nous avons échoué, ce qui entraîne généralement l'abandon de nos rêves et objectifs.

Alors, quel est le secret pour atteindre ces objectifs ? Les gens qui réussissent aisément tout le temps, comment font-ils ? Qu'est-ce qui les rend si différents ? Beaucoup de gens peuvent attribuer le succès des autres à la chance ou à un talent naturel qui leur permet d'exceller dans ce qu'ils veulent réaliser. Oui, cela peut être le cas, mais la plupart du temps, il s'agit d'un état d'esprit particulier et d'une manière de voir leurs objectifs dans leur ensemble. La clé du succès est de réaliser que nos grands objectifs peuvent ne pas se réaliser du jour au lendemain, ni la semaine prochaine ni même l'année prochaine. Nous avons tendance à nous concentrer sur les objectifs finaux plutôt que sur les petites réalisations qui nous permettent lentement mais surement à atteindre notre objectif. C'est pourquoi il est important de reconnaître et de célébrer les petites victoires. Autrement, nous risquons de voir diminuer notre motivation et cette motivation est ce qui nous maintient sur la bonne voie et nous donne la force de nous battre jusqu'au sommet de la montagne.

La récompense est l'un des meilleurs moyens pour rester motivé. Trop souvent, nous regardons ce que nous faisons de mal, au lieu de ce que nous faisons de bien. Il n'est donc pas surprenant que beaucoup d'entre nous aient du mal à rester fidèles à nos objectifs alors que nous ne leur faisons que rarement des éloges. Rappelez-vous plutôt de célébrer chaque petit succès. Même s'il ne vous reste plus qu'à terminer votre liste de tâches tôt le matin, n'oubliez pas de vous féliciter.

Il est donc important de vous assurer de célébrer vos petits objectifs en cours de route. Reconnaissant ces étincelles, les circuits de récompense de notre cerveau libèrent des produits chimiques qui nous procurent un sentiment de fierté, bien-être et de bonheur et nous donnent envie d'aller plus loin vers l'étape suivante.

PILLIER N°5 : nous devons rattacher notre motivation à un objectif majeur

Vous devez comprendre qu'un but plus grand que soi est un catalyseur de vitalité extraordinaire. Une femme frêle peut se rendre compte après coup qu'elle vient de soulever un objet de cent kilos pour sauver son enfant pris au piège dans un feu. Demandez à cette même femme d'essayer à nouveau dans un contexte normal. Elle ne prendra même pas la peine de vous écouter car elle sait qu'elle échouera d'avance. Qu'est ce qui explique son exploit quelques minutes auparavant, rien sinon l'ampleur de la finalité qui se cache derrière son geste. C'est l'exemple parfait de ce qu'un but majeur peut nous amener à faire. Plus votre but représente votre raison d'être, plus grande sera votre motivation. Posez-vous ces dix questions suivantes pour allumer ce feu que cause la puissance d'avoir un but majeur, et vous serez motivé pour le restant de votre vie.

Voici les dix questions :

1 – C'est quoi ma mission de vie ?

2 – Qu'est ce qui mérite que je me lève tous les matins ?

3 – Où est-ce que je ne suis pas comblé et qui m'empêche de dormir ?

4 – Quel héritage pourrais-je laisser au monde ?

5 - Quand suis-je le plus en vie ?

6 - Que signifie réussir pour moi ?

7 - Comment pourrez-je utiliser mes talents naturels pour une activité qui présente un intérêt profond pour les autres et moi ?

8 – Que puis-je faire aujourd'hui pour faire une différence dans la vie d'une personne ?

9 – Ai-je le sentiment d'être accompli le soir quand je me couche ?

10 – Si j'avais le choix, choisirais-je la vie que je mène actuellement ?

Les réponses à ces questions ne sont pas tant pour dévaloriser votre vie actuelle que pour laisser votre inconscient vous fournir des réponses à ces questions ouvertes.

PILLIER N°6 : appréciez ce que vous avez avec gratitude

Nous savons tous à quel point il est bon d'être remercié pour ce que nous faisons. Recevoir un courriel de remerciement d'un ami est souvent suffisant pour nous soulever et nous donner de l'énergie pour toute la journée. L'ironie dans cette formule magique est que c'est en réalité la personne qui remercie qui tire le meilleur parti de ce simple geste. Être reconnaissant change ce que vous ressentez pour la vie.

La gratitude contribue à 80% à la qualité de votre motivation. C'est une déclaration puissante que d'avoir de la gratitude pour ce qu'on est sur le point de recevoir. C'est également une vraie preuve d'une confiance en soi saine. La gratitude permet aussi de se focaliser sur les éléments positifs plutôt que sur ceux qui sont négatifs. En cas de difficultés, les fatalistes se braquent immédiatement et commencent à ruminer du noir, tandis que quand nous avons de la gratitude, nous nous mettons à chercher ce que la situation contient de positif. Naturellement cette attitude nous met dans une motivation optimum, et renforce par la même occasion notre conviction. La prochaine fois que vous vous sentez découragé et que vous ne semblez pas voir la lumière au bout du tunnel, prenez un moment pour réaliser à quel point vous avez de la chance de pouvoir écrire votre histoire. Car en effet vous avez et le droit, le devoir mais également les capacités de réinventer votre vie si celle ne vous convient pas. La gratitude est une source de motivation qui ne tarit jamais. Lorsque vous ressentez un sentiment de gratitude, vous sentez que vous pouvez tout faire. Utilisez-le à votre avantage et comme motivation pour atteindre vos objectifs peu importe ce qu'elles sont.

PILLIER N°7 : veillez à votre attitude mentale

La pensée négative est presque toujours centrée sur deux domaines : le passé et le futur. Vous ruminez et revivez des événements passés douloureux, frustrants ou honteux, ou vous vous inquiétez d'un événement prévu ou d'une rencontre qui ne s'est pas encore produite. Dans les deux cas vous êtes attaché à une illusion. Le passé n'est plus. Le futur n'existe pas. Mais d'une manière ou d'une autre, vous êtes capable de créer une énorme quantité de gêne par rapport à ces scénarios inexistants. Vos pensées sévissent dans votre cerveau, créant toutes sortes de ravages sans que personne ne les en empêche. C'est comme avoir un enfant en bas âge à la maison dont les parents n'appliquent aucune règle ou restriction. Vos pensées produisent des émotions puissantes, et ce sont ces émotions qui peuvent rendre votre vie misérable et difficile. J'espère qu'avec ce livre vous êtes à présent en mesure de contrôler vos pensées pour enfin devenir le maître de votre cerveau. Une fois que vous apprenez à contrôler vos pensées, vous pouvez développer une attitude positive qui favorise la tranquillité d'esprit, la confiance en soi, le bonheur et la conscience de soi. Ici, je ne peux vous suggérer qu'une attitude pleine conscience afin de veiller continuellement sur vos émotions et sentiments. Vous verrez c'est comme du sport, plus vous pratiquez meilleur vous serez.

PILLIER N°8 : répondez à votre « pourquoi »

Si vous avez déjà passé du temps avec des enfants, vous avez été submergé par la plus classique des questions les plus classiques de l'enfance : « Pourquoi ? Même dès le plus jeune âge, nous savons intuitivement que le motif d'une action est l'élément le plus important de toute histoire. Quand il s'agit de votre objectif - que vous soyez déjà lancé ou si vous êtes encore dans la phase de la page blanche - connaître votre "pourquoi" vous aidera à rester attaché à votre rêve et à aider les autres à y participer également.

Tout le monde a un « pourquoi » connaissez-vous le vôtre ? Oubliez vos "limites", il n'y a pas de limites, seulement celles que vous avez créées dans votre tête. Vous n'en avez plus besoin. Mais si vous renoncez à vous-même, vous deviendrez un prisonnier de votre propre vie, souffrant de toutes les occasions manquées qui se trouvaient devant vous et que vous auriez dû avoir le courage de réaliser. Si vous n'êtes pas entièrement résolu à faire de votre vision une réalité, vous ne serez pas assez passionné pour nourrir votre projet malgré les inévitables problèmes qui surgiront.

Trouver votre raison POURQUOI, votre BUT est essentiel si vous voulez réussir.
Si vous n'avez pas de RAISON forte derrière vos actions, vos actions sont moins susceptibles de générer des résultats de qualité.

Si vous avez un « POURQUOI » fort, vous avez tout le carburant dont vous avez besoin pour vous faire avancer - vers le succès.

PILLIER N°9 : pratiquez les affirmations et la visualisation créatrice

Saviez-vous que les affirmations de motivation peuvent vous aider à rester motivé ? Absolument ! Il est si facile en tant qu'entrepreneur de se sentir épuisé ou frustré sans savoir vers qui se tourner. Sachez qu'un état d'esprit négatif absorbe la bande passante mentale et l'énergie dont vous avez besoin pour rester concentré et performant. Pourtant, il est essentiel de conserver une attitude optimiste face aux échecs. Si des pensées négatives vous empêchent d'atteindre vos objectifs ou si vous manquez de confiance en vous, le recours à des affirmations positives pour motiver booster votre motivation peut impacter de manière positive dans votre vie. Utilisez alors des affirmations ou des images qui vous aide à rester positive. Les affirmations ou les visualisations sont vraiment des outils puissants pour rester motivé. Car par la force de votre volonté et votre imagination créatrice, vous transmettez un message clair à votre subconscient de l'humeur que vous souhaitez entretenir. Et sans exception, vous redressez toujours la barre et sortez toujours vainqueur après cette séance. Les pensées négatives ou le discours intérieur deviennent un obstacle invisible, même lorsque vous travaillez dur pour réaliser vos rêves et profiter de la vie.

Inversement, des pensées positives vous donneront la motivation nécessaire pour accomplir de grandes choses tout en vivant une vie passionnante, pleine de passion. Votre humeur peut se transformer immédiatement si vous répétez des affirmations positives tout comme celles qui sont négatives. Les affirmations de motivation fonctionneront tout autant que la visualisation créatrice. Lorsque vous répétez des mots, votre esprit crée des scènes et des images qui peuvent vous aider à vous concentrer sur ce que vous voulez réaliser. Essentiellement, des répétitions fréquentes influenceront l'esprit subconscient afin de modifier sa façon de penser, de se comporter et d'agir.

PILLIER N°10 : Gagner en reconnaissance auprès de sa famille et de ses paires

Bien que l'approbation de pairs et d'experts puisse être importante pour votre carrière, dans votre vie, rien ne se compare à l'influence de votre famille.

Très peu de gens font ce qu'ils font juste pour eux-mêmes. La famille et les personnes que nous aimons sont généralement la raison qui nous pousse à nous dépasser. Soit pour pouvoir accomplir notre devoir de père, d'époux, d'épouse, de frère de sœur et même d'ami soit pour ne pas les décevoir. Ils sont très largement notre première source de motivation. Ils sont aussi un pilier capital de notre motivation car alors ils nous soutiennent peu importe le nombre de foi que nous avons échoué. Je suis bien conscient que cela n'est pas toujours le cas, mais je parle de manière générale. Prenons l'exemple d'un couple, la relation est tellement étroite que s'il n'y a pas de soutien mutuel, aucune motivation ne peut perdurer. Alors, réfléchissez à la manière dont votre famille peut vous motiver et l'inscrire dans votre esprit. Choisissez aussi des partenaires qui vous soutiennent au lieu de vous tirer vers le bas.

Quant à l'estime de ses pairs, pourquoi pensez-vous que les soldats en temps de guerre abandonnent leur vie au combat, pourquoi le font-ils ? Est-ce dû au patriotisme, à la conviction de la cause pour laquelle ils se battent ou à la crainte d'une cour martiale s'ils agissent autrement ? Toutes ces choses jouent peut-être un rôle, mais des recherches approfondies ont montré que ce qui motive vraiment un soldat à bien combattre est le désir de respect de la personne qui se bat juste à côté de lui. Ceci est beaucoup plus important que les médailles ou autres formes de reconnaissance publique. Ceci est similaire à ce qui motive les vendeurs sur le sol d'un concessionnaire automobile, les étudiants dans une salle de classe ou une équipe d'avocats essayant de gagner une affaire. Alors vouloir égaler voir se surpasser aux yeux de vos pairs, peut également être une source solide de dépassement et de motivation. Cependant nous sommes d'accord que tout ceci ne sera que secondaire car vous faites ce que vous faites parce que vous êtes passionné et vous voulez le réaliser.

ANNEXE 2 : LES AVANTAGES DE LA PLEINE CONSCIENCE POUR VOTRE SUCCES ET VOTRE BIEN-ETRE

« La pleine conscience est la qualité de conscience qui émerge lorsqu'on tourne intentionnellement son esprit vers le moment présent. C'est l'attention portée à l'expérience vécue et éprouvée, sans filtre (on accepte ce qui vient), sans jugement (on ne décide pas si c'est bien ou mal, désirable ou non), sans attente (on ne cherche pas quelque chose de précis) ».

Christophe André

Selon les recherches scientifiques de la neuroscience, nous passons 47% éveillé à penser à autre chose qu'à ce que nous sommes en train de faire, à fonctionner en mode pilotage automatique et surtout à ruminer le passé qui n'est plus et qui ne sera plus, ou à s'inquiéter d'un futur qui n'arrivera jamais. Pourtant, prêter attention à l'instant présent et à notre entourage est un processus aux innombrables vertus. Parmi elles nous pouvons observer la diminution du stress, la croissance de la performance, la libération de la créativité, le développement du charisme et le soutien à la prise de décision... Autant de bienfaits étudiés aujourd'hui par les scientifiques, qui montrent comment la pleine conscience, influence une partie de notre cerveau liée à la résilience, à l'estime de soi, à la régulation des émotions ou encore aux pensées complexes.

J'ai inclus cette partie car il y'a de très forte chance que les notions du livre ne fassent pas encore parti de vos habitudes comportementales, donc il faudra une présence consciente pour les appliquer et les intégrer dans votre routine. C'est aussi pour vous donner une arme super puissante pour non seulement expérimenter le moment présent qui est d'ailleurs le seul moment qui soit, mais surtoul pour utiliser sa puissance car si toute votre énergie est focalisée sur vos tâches et occupation du moment présent, vous devenez littéralement inarrêtable. La pleine conscience favorise aussi, une créativité développée, un charisme renforcé, mais aussi une plus grande tranquillité d'esprit. Choses qui vous seront utiles dans votre démarche d'aller conquérir le monde. Alors ici, la question que nous allons nous poser et tenter d'y répondre est qu'est-ce que vivre en pleine conscience, quels sont ses bienfaits sur notre santé et sur notre performance et enfin comment l'inclure dans notre pratique quotidienne ?

QU'EST CE-QUE VIVRE EN PLEINE CONSCIENCE ?

Vivre en pleine conscience c'est prendre le temps de s'arrêter de faire, pour être. Nous vivons dans un monde où nous sommes sans cesse en train de courir. Et de faire : notre travail, nos courses, les devoirs avec nos enfants, le ménage, le rangement, écrire nos mails… Un monde dans lequel nous sommes l'objet d'une très grande pression. Si nous ne prenons pas garde à nous créer des espaces protégés, privilégiés, nous allons nous transformer en machines à faire. La vie en pleine conscience, c'est tout simplement ces moments où l'on s'arrête. Où l'on prend le temps de respirer et de s'apercevoir que l'on est en vie, dans un monde passionnant. Bien sûr qu'il est important d'agir. Mais sans oublier le pourquoi. L'idée de la pleine conscience, c'est tout simplement de se rendre plus présent à sa propre vie. D'une manière plus pragmatique, c'est appliquer à vos journées et surtout à vos occupations, un état d'esprit pleinement conscient. Cette technique de bien-être permet, grâce à une présence plus attentive, de réduire le stress de devenir plus adaptable et plus résilient.

QUELS SONT SES BIENFAITS SUR NOTRE SANTE ET SUR NOTRE PERFORMANCE ?

Les bienfaits d'une attitude pleine conscience sur votre santé et sur notre performance sont bien entendu nombreux, mais je mettrais en avant les sept les plus pertinents allant dans le sens de notre étude, c'est à dire créer une vie sur mesure dans le bien-être et la sérénité. De nombreux scientifiques ont en effet étudié ce sujet depuis une dizaine d'années, amenant à des résultats très intéressants sur les apports que peut avoir la méditation de pleine conscience sur la santé. Zoom sur sept de ses bienfaits :

1 – POUR DESTRESSER :

La pleine conscience est bien connue pour avoir un effet bénéfique pour les personnes sujettes au stress en diminuant la libération de cortisol (l'hormone du stress). Nous savons tous que le stress est un mal qui ne cesse de se développer dans nos sociétés toujours tournées vers la compétition et la communication instantanée, laissant à peine à l'individu le temps de souffler et de se recentrer.

2 – POUR LUTTER CONTRE LA DEPRESSION :

La dépression qui est sans doute l'un des maux les plus corrosifs et silencieux qui soit dans le monde occidental s'avère aussi être la plus répandue. Or le fait de vivre la pleine conscience aide à lutter contre ce mal.

3 – POUR AVOIR UN MEILLEUR SOMMEIL :

L'insomnie pourrait très facilement se retrouver dans en tête de liste des maux du siècle. Elle accompagne toujours le stress, la dépression et le manque de concentration. La pleine conscience éliminant ces maux élimine par la même occasion cet effet secondaire
.

4 – POUR ELIMINER LE « BURNOUT » :

Le burnout ou l'épuisement professionnel prend la place d'honneur sur le piédestal des maladies du siècle. Ceci est dû surtout à un manque de recul et surtout à une surcharge d'émotions refoulées et aussi à une carence de relaxation aussi bien physique, émotionnelle que mentale. La pleine conscience préconise des plages de lâcher prise journalière pour se recentrer mais aussi une meilleure gestion des émotions par une présence d'esprit focalisée.

5 – POUR UNE CREATIVITE AUGMENTEE :

Les chercheurs de l'Université de Leiden ont étudié comment la méditation de pleine conscience avec une attention particulière peut contribuer à améliorer ensuite la créativité d'une personne après sa séance de méditation. Ce qu'ils ont découvert est intéressant.

Ils ont mis en évidence que ceux qui pratiquent la méditation de pleine conscience performent beaucoup mieux sur une tâche spécifique où ils sont invités à donner des idées nouvelles.

La méditation est connue pour augmenter et encourager le type de pensée appelée pensée divergente, ce qui vous permet de venir avec un plus grand nombre de solutions à un problème donné, constituant ainsi une autre composante de la créativité.

6 – POUR APPRIVOISER LES EMOTIONS :

Dans son magnifique livre « La méditation de pleine conscience », le médecin psychiatre Christophe André nous dit qu'être pleinement conscient de l'instant et de ses sensations, pensées et émotions : cette attitude prônée par les sagesses orientales suscite l'intérêt des neuroscientifiques et psychologues, car elle favorise un état mental qui prémunit contre le stress et la dépression. S'arrêter et observer, les yeux fermés, ce qui se passe en soi (sa propre respiration, ses sensations corporelles, le flot incessant des pensées) et autour de soi (sons, odeurs…). Seulement observer, sans juger, sans attendre quoi que ce soit, sans rien empêcher d'arriver à son esprit, mais aussi sans s'accrocher à ce qui y passe. C'est tout. C'est simple. C'est la méditation de pleine conscience. Et c'est bien plus efficace que cela ne pourrait le paraître aux esprits pressés ou désireux de se « contrôler ».

7 – POUR DES BENEFICES DANS LA VIE DE COUPLE :

D'après des travaux publiés en février 2016 par la revue *Journal of Human Sciences and Extension*, la pleine conscience serait associée à une plus grande satisfaction du point de vue relationnel. Pratiquer ce type de méditation permet de modifier certaines parties du cerveau et de renforcer des connexions. Alors que nos rapports de couple sont parfois biaisés par des expériences négatives vécues dans le passé qui génèrent de l'insécurité, la pleine conscience aide à mieux gérer ses émotions et à briser les cercles vicieux des comportements automatiques négatifs.

La pleine conscience présente de nombreux autres avantages. Il est plus facile de prêter attention, on se souvient mieux de ce que l'on a fait, on est plus créatif, on est à même de profiter des opportunités qui se présentent, on évite les dangers avant qu'ils ne surviennent, on apprécie davantage les gens et réciproquement, parce qu'on est moins dans le jugement. On est plus charismatique.

Les notions de procrastination et de regrets peuvent s'effacer, parce que si vous savez pourquoi vous faites quelque chose, vous ne vous reprocher pas de ne pas être en train de faire autre chose. Si vous avez décidé de manière réfléchie de faire d'une certaine tâche une priorité, de travailler pour telle société, de créer tel produit ou de poursuivre telle stratégie, pourquoi le regretterez-vous ?

Ce qui nous amène à la prochaine étape, à savoir comment utiliser la pleine conscience de manière pragmatique et bénéficier de ses bienfaits dans notre quête de transformer notre vie.

COMMENT INCLURE LA PLEINE CONSCIENCE DANS VOTRE PRATIQUE QUOTIDIENNE ?

C'est tout à la fois très simple et très exigeant. Le principe est d'observer une pause avant d'enchaîner sur une nouvelle action. Un thérapeute peut, par exemple, prendre le temps de respirer entre deux consultations, de regarder le ciel, de laisser décanter ce qu'il vient de vivre avec son patient, de donner de l'espace à ce qui existe en lui. L'idée est de donner de la place à son ressenti. Si l'on prend l'habitude de faire ses pauses très régulièrement dans la journée, insensiblement, notre rythme va changer.

C'est vrai que l'on sait de moins en moins ne rien faire ! Souvent, quand les gens prennent une pause à leur travail, ils n'observent pas de vraies coupures : ils font juste autre chose. Envoient un sms, passent un coup de téléphone, consultent leurs mails, se baladent sur Facebook... Ils vont donc fatiguer leur cerveau différemment. Mais surtout, ils ne sont pas en lien avec eux-mêmes. Ils sont en lien avec leur réseau social, avec leur image sociale. Mais pas avec leur personne intime. Alors comment se reconnecter ? Pour celui ou celle qui travaille dans un OPEN SPACE par exemple, ce n'est pas forcément facile de s'arrêter, de respirer, voire de s'allonger ! Mais il n'est pas non plus impossible de lâcher son ordinateur des yeux, de se tourner un peu, de regarder par la fenêtre et de prendre le temps de dix cycles respiratoires. Pour ressentir son souffle. Dans une salle d'attente, laissez votre téléphone où il est. Profitez de ce moment pour prendre conscience de votre respiration, de votre corps. Observez les pensées qui vous traversent l'esprit. Pareil dans les files d'attente de supermarchés : au lieu de surveiller l'avancée de la queue ou de s'agacer, pourquoi ne pas savourer ce temps qui vous est offert en essayant de l'habiter du mieux possible ? Reconnectez-vous avec votre « moi » profond, écoutez ce que vous murmure votre âme, reprenez le dessus sur vos émotions, et avant que vous vous en rendiez compte, votre vie devient plus équilibrée, vous capitaliserez plus votre moment, et votre stress, la négativité, l'anxiété et l'angoisse disparaitront pour laisser la place à une équanimité saine et plaisante.

La première étape est de s'arrêter fréquemment dans ce que l'on est en train de faire. Une fois accoutumé à ces instants de pleine conscience, on peut aussi la pratiquer au sein même d'une activité. Lors d'une tâche un peu répétitive, comme ranger ou faire la vaisselle… Très souvent, dans ces moments, nos pensées n'accompagnent pas cette action : nous rêvons à autre chose, nous nous repassons une discussion de boulot, une dispute avec son conjoint… Pourquoi pas. Mais il est aussi bénéfique de se rendre présent à son activité. Et là, on n'est plus dans *s'arrêter de faire*, on est dans *habiter ce que l'on fait*. Si je marche, je marche. Si je mange, je mange. C'est ce qu'enseignent par exemple de nombreuses écoles de bouddhisme. Et mine de rien, cela a un effet positif sur notre cerveau et notre état physiologique : récemment, des chercheurs ont installé des BIPERS sur les portables de plusieurs milliers de personnes. Ces BIPERS sonnaient plus d'une dizaine de fois par jour. A chaque fois, les personnes devaient décrire ce qu'elles étaient en train de faire et si elles étaient présentes à ce qu'elles faisaient. Et bien une corrélation entre le niveau de bien-être des gens et la qualité de présence qu'ils apportaient à leurs relations a clairement été démontrée. Comme si cette présence à nos actions, opposée à la dispersion, était un puissant facteur de bien-être intérieur.

Il est vrai que notre mode de vie actuel nous incite plutôt à vivre à l'extérieur de nous-mêmes, à nous identifier aux autres, à nous exprimer aux autres, à être sans cesse en quête de leur approbation. Nos moments de recueillement sont en voie d'extinction. Cela finit par appauvrir le rapport que nous avons à nous-même. Et puis il est souvent plus facile d'agir que de se poser et de réfléchir à soi. J'ai souvent le sentiment, en discutant avec des collègues, que le seul moment de la semaine où ils prennent du temps pour réfléchir sur eux, c'est quand je discute avec eux. Sinon, ils courent. Sans arrêt. Et quand ils ne courent pas, ils se changent les idées. Du coup, entre action et distraction, les espaces de ressentis sont quasiment absents. Or, trois conditions sont indispensables à notre esprit : la lenteur, le calme et la continuité. Trois formes de ressourcements de plus en plus rares. D'où l'engouement actuel pour la méditation qui répond à un vrai besoin. Essayez d'ailleurs, jour après jour, de travailler ce petit exercice : restez au repos pendant 10 ou 15 minutes. Et faites le vide dans votre esprit. Pratiquer la pleine conscience, c'est comme pratiquer une activité physique : c'est bon pour l'esprit, le corps et c'est nécessaire dans notre mode de vie. Elle nous permet une forme d'écologie personnelle, une dépollution intérieure. Il est nécessaire de s'exercer régulièrement. Cela prend du temps de tomber sur le vide auquel on aspire, de sortir d'une séance apaisée. C'est un apprentissage, comme le footing ou apprendre à jouer à la guitare.

Les chercheurs nous disent que, la pratique de la pleine conscience peut permettre à un individu de reprogrammer entièrement son cerveau pour qu'il agisse de manière plus rationnelle et moins émotive. Les méditants qui pratiquent la méditation pleine conscience par exemple, ont tendance quand ils sont confrontés à une prise de décision, à être davantage rationnelles qu'émotionnelles.

Il existe donc des techniques spécifiques que vous pouvez adopter afin de jouir des bénéfices que procure la pleine confiance. L'une des techniques est de commencer vos journées par la méditation. Cette pratique permet de donner une direction à sa journée et de vous mettre dans une attitude réceptive. Lors de cette séance de méditation, nous émettrons une intention qui sera traduite par notre cerveau qui agira en conséquence. C'est aussi un moyen de lui montrer que c'est vous qui êtes en charge, et qu'il devra exécuter. Cette technique améliore nettement la pleine conscience jusqu'à ce que vous deveniez maître de vos émotions et de votre attention. Cependant, quand vous serez bien à l'aise avec cette première méthode, la pleine conscience est plus une attitude qu'il faudra adopter à tout moment. Il faudra donc pratiquer la pleine conscience tout au long de la journée en ramenant votre attention chaque fois que vous en êtes conscient. Ça ne sera pas facile au départ, mais c'est comme faire du sport, plus vous pratiquerez et plus vous vous améliorerez et au fil du temps, vous ne ferez plus de distinction entre votre pratique formelle et votre attitude naturelle. Voici pour démarrer quelques éléments qui vous permettront de vous recentrer : essayez de maintenir une respiration profonde en comptant par exemple jusqu'à 7 entre l'inspiration et l'expiration. Veillez à respirer depuis votre estomac en gardant les épaules ouvertes dans une posture réceptive.

ANNEXE 3 : 37 IDEES DE BUSINESS POUR CEUX QUI VEULENT SE LANCER

« La meilleure raison pour lancer une entreprise est de créer du sens, de créer un produit ou un service qui contribue à améliorer le monde. »

Guy KAWASAKI

« Il y'a bien des manières de ne pas réussir, mais la plus sûre est de ne jamais prendre de risques. »

Benjamin FRANKLIN

Une certaine philosophie du bonheur voudrait que nous nous contentions de peu, et que ce serait là l'ultime sagesse. Le problème c'est que se contenter de peu est souvent une invitation vers la médiocrité et l'insatisfaction. Nos rêves et nos désirs les plus fous sont finalement des prétextes pour favoriser notre croissance personnelle. Au final nier ses désirs et vouloir les tenir en laisse, risque de ralentir tout autant notre croissance personnelle.

En augmentant votre exigence personnelle vous décidez de ce que vous ne voulez plus vivre et de ce que vous voulez vraiment vivre. Cela suppose que vous agissiez aussi *en harmonie avec vos valeurs*, pour devenir une personne plus cohérente. Chaque matin vous serez animé (e)s par cet écart entre ce que vous vivez et ce que vous voulez et cela vous mettra naturellement en mouvement. Le paradoxe c'est que vous pouvez très bien avoir de très hautes exigences tout en appréciant ce que votre situation actuelle vous offre déjà.

Vous n'avez pas besoin de détester votre vie pour en vouloir une plus belle (quoique l'on dise la qualité de la vie de l'individu dépendra largement de la qualité de sa vie aussi professionnelle que personnelle). Donc vouloir des choses que vous n'avez pas encore n'est pas nécessairement synonyme de frustration et de mécontentement. Au final c'est votre attitude qui déterminera si cela vous sert, ou vous dessert. Avoir de l'ambition n'est-elle pas la caractéristique de l'être humain qui a le pouvoir de se projeter dans l'avenir et de tout mettre en action.

Voici donc une liste tout aussi inspirante que motivante, qui vous donne quelques idées plus qu'exploitables afin de vous lancer dans votre quête d'autonomie et de création de vie sur mesure. Cette liste n'est pas exhaustive, car des idées il y'en a bien entendu une infinité. Si vous avez bien suivi notre trame, vous avez déjà développé un instinct de succès inébranlable et bien aiguisé pour venir à bout de n'importe quel projet. Sachez que l'échec n'existe pas, ce n'est qu'un contre temps pour nous apprendre ce que l'on ne savait pas à un stade de notre idéal. Il ne devient échec, que lorsque nous baissons les bras et décidons d'abandonner la partie.

Autre chose, si votre passion ne se trouvait pas sur cette liste par hasard, trouvez un problème que vous ou vos connaissances rencontrez, trouvez une solution à ce problème et proposez-le au public. Vous verrez, vous aurez du mal à arrêter le flux d'énergie pécuniaire et le succès s'immiscer dans votre vie. Vous n'êtes pas non plus tenu de réinventer la roue. Différenciez-vous par le service, la valeur ajoutée, l'intention, l'éthique et la promesse tenue. Laissez une impression de croissance à quiconque croisera votre chemin et ceci aussi bien en social que dans le professionnel. Donner et recevoir sont les deux faces d'une même pièce. Il faut d'abord donner avant de pouvoir recevoir comme le cultivateur doit semer avant de pouvoir récolter. C'est la loi de la compensation. Habillez votre produit ou service de tous les critères que vous aimeriez vous même retrouver dans vos achats. Proposez-le de la meilleure des manières possibles. Ajoutez un geste supplémentaire dans votre interaction avec vos clients ou prospects et chargez d'amour votre offre. Aimez votre produit ou service, aimez votre client. Notez bien ceci car c'est d'une importance capitale. Vous êtes dans la création et dans l'innovation. Donc vous n'avez aucun concurrent malgré ce qu'on voudra bien vous faire croire. Focalisez-vous dans l'unique but qui consiste à donner vie et énergie à votre entreprise. La loi de la compensation s'occupera du partage naturel et équilibré et de la récompense adéquate équivalent à l'effort fourni.

Voici maintenant quelques idées de business pour vous lancer dès la fin de ce livre.

DANS LE E-COMMERCE

Le secteur du e-commerce continue à progresser de manière très rapide, **avec une croissance d'environ 15% par an.** C'est aussi un secteur très évolutif, dont il convient de bien saisir les principales tendances.

Tout d'abord, résumons le e-commerce français en quelques chiffres :

- 90 milliards d'euros de chiffre d'affaires,
- 38 millions de consommateurs en ligne,
- 33 transactions par an en moyenne,
- Un panier moyen de 65 €,
- 182 000 sites marchands, dont seulement deux tiers sont rentables,
- 0,5% des sites de e-commerce concentrent à eux seuls 61% des ventes.

1. **Distribuer des produits sous forme de box** (cosmétiques, produits du terroir…), par exemple en les commercialisant en ligne.

2. **Plateforme de rencontre pour seniors**

Une personne de plus de 65 ans sur trois se sent seule, selon Pro SENECTUTE. Pour pallier l'isolement, une start-up américaine a développé une application qui met en relation les personnes âgées qui vivent proches l'une de l'autre. STITCH n'est pas réservée aux seuls seniors souhaitant trouver l'amour. On peut aussi participer aux activités du groupe local – telles que des dégustations de vin –

, organiser des voyages ou simplement parler au téléphone. L'app propose également un abonnement payant ainsi qu'un service d'assistance par téléphone, un détail qui fait la différence auprès des aînés.

3. TRIPADVISOR pour parents

Une plateforme en ligne qui se présente comme un puits de ressources pour les parents débordés. A la fois place de marché et site communautaire, la plateforme permet de réserver des services locaux (traiteurs, activités sportives, pédiatres, organisation d'anniversaires), de poser des questions aux autres membres ou de noter les services proposés.

4. Aide aux enfants en difficultés scolaires

Le marché des cours particuliers a connu un essor important à partir de la fin des années 1990. Un collégien sur cinq et un lycéen sur trois ont eu recours au moins une fois dans leur scolarité à un professeur à domicile. Cette tendance est sous-tendue par des parents de plus en plus inquiets pour l'avenir de leurs enfants, et un système scolaire clairement tourné vers la compétition et la sélection par les notes.

5. S'installer coach sportif ou personnel et se déplacer à domicile.

- **Le coaching sportif** : accompagnement personnalisé de sportifs ou de particuliers pour la perte de poids, la musculation, la diététique, l'esthétique ou encore le développement musculaire. Le coach sportif entraîne ses clients dans une ambiance motivante. Il peut aussi intervenir en préparation mentale. Le coach sportif détermine un programme en fonction de l'âge, de l'état de santé, mais aussi du but que le client s'est fixé.

- **Le coaching personnel** : coach en développement personnel, coach en rangement (home organiser), coach en organisation, coaching de vie, gestion des émotions, coaching en relations humaines, coaching en séduction, ou encore lutte contre la dépression. Le coach de vie utilise les outils et les méthodes de son choix pour parvenir aux objectifs fixés.

6. **Créer un blog sur un thème que vous connaissez bien et monétisez-le**

Créer un blog peut être une activité rentable, mais il existe un important décalage entre le moment de l'effort et le moment du retour sur investissement. Par conséquent vous devrez faire preuve de patience et de persévérance.

Les premiers revenus substantiels pourraient être tirés après 6 mois à 1 an de travail.

Les autres qualités nécessaires pour réussir sont les suivantes :

- Aimer écrire et savoir rédiger (si possible sans faute d'orthographe),

- Être passionné et se sentir concerné par son sujet,
- Être rigoureux, chercher à recouper les informations à la manière d'un journaliste spécialisé,
- Aimer rendre service : dans un premier temps, vous allez en effet beaucoup donner sans forcément avoir de retour,
- Être régulier dans son travail.

7. Créer une boutique en ligne.

Ouvrir une boutique en ligne est une aventure passionnante mais qui nécessite des compétences solides, à la fois sur le plan technique et sur le plan de la communication-vente. Mais ces connaissances peuvent s'apprendre chemin faisant. Une bonne dose de patience et de persévérance sera nécessaire. Mais c'est le moyen le plus rapide pour générer des revenus passifs. Sur le plan technique, ouvrir une boutique en ligne n'est pas très compliqué. De nombreuses solutions clés en main (gratuites ou payantes) existent et sont accessibles aux non-initiés. En réalité, le principal enjeu consiste à attirer les clients potentiels sur sa e-boutique, ce qui est loin d'être simple mais largement faisable pour quelqu'un de motivé et de persévérant. Je vous parle en connaissance de cause.

8. Créer une boutique DROPSHIPPING.

Le DROPSHIPPING est destiné aux e-commerçants qui font le choix de ne pas avoir de stock. Pour cela, ils vont passer un contrat avec un ou plusieurs fournisseurs afin de leur permettre de présenter leur catalogue sur leur site e-commerce. Conséquence, à chaque commande passée, c'est le fournisseur qui s'occupe de la gestion et l'envoi du colis.

- ECOPRESTO est une marketplace de fournisseurs en DROPSHIPPING
- Toncommerce.com permet de créer sa plateforme e-commerce en DROPSHIPPING et propose également une liste de fournisseurs.

9. **La box de livre**

Les box mensuelles ont la côte et la littérature n'échappe pas à la règle. Quel plaisir de recevoir chaque mois une petite sélection, personnalisée selon ses goûts, à dévorer ?

- Livre-mois : Un mois = un livre, cette box s'occupe de recueillir vos envies littéraires pour vous proposer le meilleur de la lecture, sous l'effet-surprise.
- Avec La Box de Pandore, votre enfant reçoit mensuellement sa petite boite entre 3 et 6 livres accompagnés de friandises et jouets.

10. **L'Affiliation**

Expliqué en une phrase : L'affiliation est le fait toucher des commissions en vendant les produits des autres. Ceci marche pour n'importe quel type de produit et n'importe quel type de niche. Voici quelques exemples que je trouve très rentables :

Exemple 1 : Faire un blog sur la photo et mettre en avant des liens affiliés vers Amazon. Amazon France verse 3% par vente sur les produits électroniques, c'est 18 euros de commissions dans la caisse de votre entreprise pour chaque vente d'un appareil d'une valeur de 600 EUR. Vous n'avez pas à payer la TVA puisque vous faites du service à une autre entreprise qui est Amazon.

Exemple 2 : Faire un blog sur le voyage et le monétiser avec le programme d'affiliation de TRAVEL PAYOUTS. Toucher 10e par réservation de vols est un événement assez fréquent. Certains membres de la formation Ventes SEO arrivent à très bien s'en sortir.

11. Concevoir des applications consommateurs

Vous pouvez lancer une application d'informations nutritionnelles, comparateur de prix, traçabilité des produits, information et notation de l'éthique d'un produit. Ça marcherait très bien, car le comportant d'achat du client a complétement changé à l'air numérique. 2/3 des clients vont à la pêche d'avis avant de se lancer à l'achat d'un nouveau produit. Vous pourriez le proposer aux entreprises des mises en avant de leurs produits et services ainsi que de la publicité.

12. Vendeur sur marketplace

De plus en plus de e-commerçants renoncent à créer leur propre site de e-commerce, préférant **passer par l'intermédiaire de marketplaces** telles Amazon, Rakuten ou EBay, Etsy ou encore Ali Express. Vendre à travers une marketplace offre de nombreux avantages : cela permet d'accéder à une audience très large et de diminuer les coûts de développement du site. Ici par contre, l'idée est de choisir la marketplace la mieux adaptée à votre produit et de valoriser votre offre à travers des descriptifs et des **visuels de qualité.**

13. La croissance du e-commerce B to B.

De plus en plus de professionnels achètent en ligne, notamment pour ce qui concerne les voyages et déplacements, les fournitures ou encore le matériel informatique. De nombreuses **opportunités B to B** vont s'ouvrir dans les prochains mois et années : renseignez-vous ! Il y'a des diversités de produits que vous allez pouvoir exploiter pour vous faire une place avec une niche bien étudiée.

14. Vendre des produits numériques

Que vous soyez coach, consultant, free-lance ou que vous gérez un bloc, vendez votre expertise sous forme de produits numériques. Vidéo-coaching, livre numériques, coaching via webcam etc…

15. Ecrivez un livre sur votre domaine d'expertise

Que vous soyez coach, consultant, free-lance ou que vous gérez un bloc, je ne trouve pas de moyen plus rapide pour vous position-nez en expert, vendre au prix fort, commencer directement au sommet. Ça peut vous ouvrir assez rapidement des portes pour des séminaires, des conférences et peut vous mener vers d'autres horizons. En plus de cela, avec la nouvelle réalité du secteur, écrire un livre est à la portée de toutes personnes ayant quelque chose à dire.

DANS L'ARTISANAT

16. Créer une activité de traiteur bio

L'activité de traiteur consiste à vendre des plats préparés en boutique ou en ambulant, mais aussi à organiser des réceptions, pour le compte d'entreprises ou de particuliers. L'activité peut être exercée avec ou sans local ouvert au public.

L'activité de traiteur ne nécessite aucun diplôme, ce qui la rend accessible mais très concurrentielle.

17. Créer un dépôt-vente de vêtements d'occasion

Le marché de l'occasion est plus porteur que jamais, en particulier pour les vêtements, la maroquinerie, les chaussures, mais aussi la puériculture et la mode enfantine.

A la recherche de bonnes affaires, les Français de toutes catégories sociales n'hésitent plus à se lancer sur le marché de la seconde main, à la fois pour vendre et pour acheter.

18. S'installer vidéaste-photographe par drone.

Enregistrez des vidéos et éditez des contenus multimédias à l'aide de logiciels gratuits tels que Convertisseur Vidéo par FREEMAKE ou GIMP (open source). Mettez en ligne des clips et films HD sur votre site Web personnel pour présenter votre talent. Attirez plus de clients sur votre portefeuille Web en utilisant Instagram et BEHANCE.

19. Créer une activité de petit bricolage et multiservice.

Nombreux sont les particuliers qui disposent de compétences en matière de bricolage ou de petits travaux et qui souhaitent les mettre à profit en créant une micro-entreprise ou auto-entreprise, même sans diplôme.

On parle d'activité en multiservice, ou d'activité d'homme toutes mains.

20. Créer une activité de toiletteur canin à domicile.

S'installer toiletteur canin ou reprendre un salon de toilettage est un projet qui s'adresse aux passionnés d'animaux au fait des techniques d'entretien des chiens et des chats. Sachez que les activités associées à une passion, sont les plus lucratives.

C'est un métier qui nécessite des compétences techniques, un bon contact avec les animaux, des capacités de gestion, de l'aisance relationnelle et aussi une certaine résistance physique.

21. Conciergerie pour femmes enceintes

La conciergerie propose des services en lien avec la grossesse et l'arrivée d'un enfant : création et envoi de liste de naissance et de faire-part, organisation de BABY-SHOWER, installation de la chambre du bébé, achat des accessoires et vêtements nécessaires. Elle peut aussi proposer des packs grossesse à différents niveaux du processus.

22. Box de bouquets de fleurs

Le concept des box à domicile propose un service de livraison de bouquets de fleurs. Le client fait son choix sur le site internet et reçoit sa commande le même jour. Exit le fleuriste du coin : les créations florales proviennent directement du maraîcher. Les clients peuvent également souscrire à une formule d'abonnement et recevoir ainsi des bouquets de manière régulière.

23. Nettoyage de lendemains de fête

C'est une idée facile à mettre en place, en raison de son faible coût. Il y a cependant deux défis majeurs à l'arrivée d'un tel service. La petite taille de la demande dans un premier temps : les jeunes gens en France ne sont pas si nombreux et l'activité se concentre sur deux ou trois jours en fin de semaine. La culture ensuite : contrairement aux Anglo-Saxons, je ne suis pas sûre que beaucoup de Français soient prêts à voir débarquer chez eux des inconnus alors que leur appartement est sens dessus dessous et qu'ils ont trop bu la veille. Mais peut-être que la génération Y peut être plus facilement séduite.

24. Proposer des lieux inédits pour les EVENTS

En France, la société PRIVATEASER propose de rechercher, sélectionner et réserver des bars, des salles ou des restaurants dans le cadre d'événements d'entreprise, d'anniversaires, d'AFTERWORKS, de mariages ou de lancements de produits. Une offre qui semble avoir trouvé sa clientèle : à ce jour, plus de 600 000 particuliers et 2800 entreprises ont recouru à ce service.

25.   Gestion des coupons de Promo

Avec l'émergence des différents sites de regroupement de promotions et réductions tels que Groupon ou Réduc, ainsi que toutes les promotions des différents détaillants, difficile de savoir où donner de la tête. Centraliser tout cela en une seule plateforme permettrait de bien guider le consommateur et ainsi de ne louper aucun bon plan.

26. L'entrepreneuriat éthique

L'éthique est un enjeu de plus en plus présent dans les médias et dans les esprits. Dans certains secteurs, c'est désormais un critère aussi important que le prix ou la qualité.

Les produits végan ou respectueux des animaux.

Porté par les médias et l'évolution des consciences, l'engouement pour le mode de vie végane progresse rapidement : le taux de croissance de ce marché est de 80% !

Tous les produits de consommation courante sont concernés, et pas seulement les produits alimentaires.

Les vêtements éthiques.

La *fast fashion* vivrait-elle ses derniers instants ? Quoi qu'il en soit, de plus en plus d'entrepreneurs se dirigent vers la création de gammes de vêtements éthiques, à travers des produits à forte valeur ajoutée.

Made in France, commerce équitable, confection locale : le rapport au vêtement évolue. Le prêt-à-porter jetable est aujourd'hui largement concurrencé par des produits plus durables et aussi plus chers.

LES SERVICES ET LE TOURISME.

27. Créer une plateforme de mise en relation pour le partage d'outils ou ustensiles de cuisine

Voici une des idées que je pourrais appeler une idée en or. A l'heure de la conjoncture et de la connectivité instantanée, les partages de biens tel que Airbnb etc... est la réponse pour des millions de personnes joignant difficilement les deux bouts.

28. Proposer des services de WEDDING-planner et organisation de voyage de noces

Un WEDDING planner est un organisateur de mariage : le WEDDING planner conseille, propose, planifie, budgète, recherche les partenaires, négocie avec eux, organise et enfin supervise le mariage. A noter que le WEDDING-planner ne se substitue pas aux différents prestataires, mais les coordonne. Certains WEDDING-planners prennent toutefois en charge eux-mêmes la décoration.

Vu du côté du client, faire appel à un WEDDING planner doit permettre de gagner en temps et en efficacité, mais aussi en prix et en sérénité.

29. Créer une entreprise de cours de cuisine

Si l'expression « *il cuisine comme un chef* » revient souvent quand vos amis parlent de vous, si vous adorez être derrière les fourneaux et transmettre votre passion de la table, pourquoi ne pas donner des cours de cuisine ?

Aucun diplôme n'est obligatoire lorsque l'on se lance dans l'enseignement de cours à domicile.

En revanche, **l'expérience est essentielle** ! Il ne vous viendrait pas à l'idée de conduire une voiture si vous n'aviez jamais appris ne serait-ce qu'à la démarrer ? Eh bien, la cuisine, c'est pareil ! Il faut cependant **savoir cuisiner, et même plus** ! Il faut être capable d'apporter quelque chose à vos élèves qui ne seront pas tous forcément des novices, selon la cible que vous choisissez.

30. Le tourisme participatif

C'est une nouvelle tendance en opposition au tourisme de masse. Le touriste 2.0 souhaite vivre une expérience inédite placée sous le signe de la découverte. Cette tendance place le touriste au centre de sa stratégie en lui permettant d'échanger pour créer un lien social avec les autres clients.

- SAKADO conçoit des voyages au Ghana, Togo et Bénin, basés sur la découverte, la solidarité et l'échange, avec une densité variable selon les voyageurs (allant d'aventurier au voyage plus zen). Chaque voyage est allié à un développement communautaire

- TRIPNCO est une application qui permet de trouver des personnes aux mêmes intérêts pour voyager/faire des activités ensemble tout en se partageant les frais.

31. Filmer ses voyages, créer une chaîne YouTube et la monétiser

Les chiffres du tourisme sont toujours très bien orientés. 2019 devrait être une très belle année. Le tourisme mondial est en progression de 7% en moyenne par an, en fort rebond depuis le début des années 2010. L'Europe et l'Afrique sont les destinations qui progressent le plus, notamment autour du bassin méditerranéen. L'Espagne est en voie de dépasser les Etats-Unis pour la place de 2ème pays touristique. La France reste n°1 en termes de nombre d'entrées.

32. Devenir conférencier sur le thème du voyage et des rencontres

Il sera nécessaire de définir un thème précis pour être reconnu comme un expert sur son domaine.

33. Créer un réseau social de souvenirs de voyage et le monétiser

Faire rêver les personnes, partager des souvenirs, se remémorer des anecdotes et surtout partager ses photos de voyage à l'heure où les réseaux sociaux sont la seule source d'inspiration, de partage et de recherches d'idées.

34. Créer un réseau social ou un site de rencontre

C'est une des voies royales du succès sur Internet. Les start-ups qui ont réussi à créer et à imposer leur communauté ont vu leur valorisation immédiatement exploser : Facebook, Twitter, Pinterest, Instagram, LinkedIn, Airbnb, Blablacar, Viadeo… Pourtant créer un réseau social est une aventure très exigeante, qui comporte plus de risques d'échec que de chances de succès ;

35. Organiser des retraites de Yoga, de méditation, de coaching de vie etc...

Le mal être persistant des populations et le besoin persistant de retrait et de se ressourcer prédit un bel avenir pour les business du bien-être, de la connaissance de soi et surtout de détachement à une réalité de plus en plus pesante. Vous n'êtes pas obligé d'être vous-même formateur, vous pouvez louer les services d'un expert intervenant et vous occuper du logistique etc...

36. Devenir photographe professionnel

Que ce soit dans l'événementiel tels que les mariages, les soirées privées, les anniversaires et autres rencontres à mémoriser, ou bien tout simplement proposer vos photos sur des plateformes telle que 123rf pour permettre aux entrepreneurs, aux startups et aux particuliers d'illustrer leur contenu à travers leurs opérations marketing ou tout simplement sur les réseaux sociaux. Vous pouvez aussi proposer vos services sur des marketplace tel que EVER sous forme d'abonnement et être sollicité par une clientèle de particuliers ou de professionnels. Les possibilités sont multiples.

37. Ecrire et publier une série de livres sur le thème du voyage et des cultures du monde

Comme j'ai dit plus loin, l'écriture d'un livre est beaucoup moins compliquée qu'il n'y parait, et en outre difficile de faire mieux pour asseoir son autorité en un rien de temps. En plus de cela, c'est un revenu passif que vous pouvez vendre dur plusieurs années et peut vous ouvrir en parallèle d'autres opportunités. Alors, si vous aimez voyager et découvrir de nouvelles cultures, tenez un journal sous forme de livre, et partagez-le avec des milliers de personnes qui ne demandent qu'à rêver.

ANNEXE 4 : CRÉATION D'ENTREPRISE - QUEL STATUT D'ENTREPRISE EST FAIT POUR VOUS ?

Vous créez votre entreprise ? Testez votre projet et trouvez le statut juridique qui vous correspond le mieux ! De nombreux critères sont à prendre en compte : la nature de votre activité, présence d'associés, personnalité juridique associée… Et ce choix est primordial car il aura des conséquences fiscales et sociales, et donc sur votre activité. Pour vous aider un peu plus dans votre décision, je vous propose un tour d'horizon de chaque statut juridique afin que vous puissiez choisir celui qui correspond le mieux à votre projet d'entreprise.

1. **S.A.S** (société par Action Simplifiée)

- **Avantages :**

- Une souplesse de fonctionnement
- Une entrée et sortie d'autres actionnaires facilement gérables par l'actionnaire principal
- Le montant du capital social est libre
- Une grande crédibilité auprès des investisseurs, prêteurs et clients

- **Inconvénients :**

- Des frais et formalisme de constitution assez élevés

- L'obligation de rigueur dans la rédaction des statuts

Notez bien que si la société ne comprend qu'un seul associé, il s'agit alors d'une SASU (Société par Actions Simplifiée Unipersonnelle).

2. **EURL** (Entreprise Unipersonnelle à Responsabilité Limitée)

- **Avantages :**

- Une responsabilité limitée aux apports (sauf faute de gestion), les engagements de caution sont à titre personnel
- La facilité de cession et de transmission du patrimoine de l'entrepreneur
- La facilité de transformation en SARL

- **Inconvénients :**

- Des frais et formalisme de constitution assez élevés
- En cas d'entrée d'un nouvel associé dans le capital, la société doit automatiquement se transformer en une SARL
- Un fonctionnement plus lourd que l'EIRL

3. **EI :** (Entreprise Individuelle)

- **Avantages :**

- La simplicité de constitution et de fonctionnement (moins contraignant que l'EIRL)
- Une liberté d'action pour le chef d'entreprise

- **Inconvénients :**

- Une responsabilité totale et indéfinie
- Un système d'imposition limitant les capacités d'autofinancement de l'entreprise

4. **EIRL :** (Entreprise Individuelle à Responsabilité Limitée)

- **Avantages :**

- La simplicité de constitution (plus contraignante que l'EI)
- Le patrimoine pouvant être saisi par les créanciers est limité
- La possibilité d'opter pour le régime fiscal des sociétés de capitaux (option irrévocable)
- La possibilité de constituer des réserves non-assujetties aux charges sociales (sous conditions)

- **Inconvénients :**

- Un formalisme plus important que pour l'EI
- Des frais liés à l'information des créanciers, honoraires des professionnels de l'évaluation
- Des frais de tenue de comptabilité, dépôt annuel des comptes, frais de gestion du compte bancaire dédié
- Une remise en cause de l'étanchéité du patrimoine d'affectation en cas de non-respect des obligations par l'EIRL
- Le passage en société tout aussi contraignant qu'en entreprise individuelle "classique", en cas de développement de l'activité.

5. AUTO-ENTREPRENEUR (micro-entrepreneur)

- **Avantages :**

- Des obligations comptables réduites
- L'absence de TVA à facturer
- Des modalités de calcul et de règlement des cotisations sociales simplifiées
- La possibilité d'opter pour le versement fiscal libératoire

- **Inconvénients :**

- La limitation du chiffre d'affaires annuel
- Le calcul des charges sociales sur la base du CA et non des bénéfices
- Un seuil de chiffre d'affaires pour valider un trimestre de retraite et bénéficier du droit à la formation professionnelle

Ce régime est mal adapté aux entrepreneurs qui prévoient des achats et/ou frais conséquents (stocks, matériels, aménagements, machines, assurances particulières, transport, etc.).

6. **SNC** (Société en Nom Collectif)

- **Avantages :**

- Une grande stabilité du ou des gérants associés
- Le capital n'a pas de minimum défini
- La possibilité de "fermer" la société
- Défiscalisation totale de l'impôt sur le revenu si l'entreprise entre dans le champ d'application d'une mesure d'exonération d'impôt sur les bénéfices

- **Inconvénients :**

- Une responsabilité solidaire et indéfinie de tous les associés
- Formalisme de fonctionnement (décisions collectives)
- Difficulté pour quitter la société (cessions de parts décidées à l'unanimité)
- Les cotisations sociales sont calculées sur l'ensemble des revenus non-salariés (bénéfices + rémunérations) en cas d'assujettissement à l'impôt sur le revenu

7. SARL (Société À Responsabilité Limitée)

- **Avantages :**

- La responsabilité des associés est limitée aux apports
- Une structure évolutive facilitant le partenariat

- **Inconvénients :**

- Frais et formalisme de constitution
- Formalisme de fonctionnement

8. SA (Société Anonyme)

- **Avantages :**

- La responsabilité des actionnaires est limitée aux apports
- Une structure évolutive facilitant le partenariat
- Les charges sociales sont calculées uniquement sur la rémunération
- Une facilité et souplesse de transmission des actions
- Une crédibilité vis-à-vis des partenaires (banquiers, clients, fournisseurs)

- **Inconvénients :**

- Frais et formalisme de constitution
- La lourdeur du fonctionnement
- L'instabilité du président de la SA (révocation sans préavis et sans indemnité par le conseil d'administration)
- Obligation de désigner un commissaire aux comptes

"Qu'est-ce que la réussite ?

C'est rire beaucoup et souvent ;

C'est gagner le respect des gens intelligents

Tout autant que l'affection des enfants ;

C'est mériter l'appréciation des gens honnêtes

Et supporter la trahison de faux amis ;

C'est apprécier la beauté des êtres ;

C'est trouver en chacun le meilleur ;

C'est apporter sa contribution, aussi modeste soit-elle :

Un enfant bien portant, un jardin en fleurs,

Une vie qu'on a rendue plus belle ;

C'est savoir qu'on a facilité l'existence

De quelqu'un par notre simple présence.

Voilà ce qu'est la réussite".

RALPH WALDO EMERSON

SOURCES

- *La magie de croire* – Claude M. Bristol
- *Les 7 lois spirituelles du succès* – Deepak Chopra
- *Le pouvoir de l'intention* – Dy Wayne Dyer
- *Techniques de visualisation créatrice* – Shakti Gawain
- *La cause et l'effet* – Charles F. Haanel
- *La clé de la maitrise* – Charles F Haanel
- *La pleine conscience* – Harvard Business Review
- *Pensez et devenez riche* – Napoleon Hill
- *Les chemins de la richesse* – Napoleon Hill
- *Le succès par la pensée positive* – Napoleon Hill & W. Clement Stone
- *La psycho-cybernétique* – Maxwell Maltz
- *Le pouvoir de votre subconscient* – Joseph Murphy
- *Confiance illimité* – Franck Nicolas
- *La puissance de la pensée positive* – Norman Vincent Peale
- *Vous êtes né riche* – Bob Proctor
- *Le pouvoir du moment présent* – Eckhart Tolle
- *Rendez-vous au sommet* – Zig Ziglar

Nous sommes sur le point de nous séparer à présent car c'est ici où s'achève notre voyage. Ainsi, je vous réitère ma disponibilité pour vous accompagner dans cette démarche de croissance que vous venez d'entamer. Je vous laisse alors mes coordonnées que vous pourrez utiliser pour me contacter si vous cherchez une épaule amicale et surtout quelqu'un qui peut vous accompagner à mettre en place cette trame vous vous achevez la lecture. Suivez mon actualité et surtout mes coachings, séminaires et conférences à venir. Car comme je l'ai annoncé, ma mission est d'accompagner tout un chacun à devenir la meilleure version de ce qu'il peut être en lui fournissant les principes pour y arriver. La vie n'est pas une suite de hasard, sinon nous ne produirons que des résultats basés sur du hasard et l'expérience montre que tel n'est pas le cas. Alors la vie doit forcément être entité régit par des principes. Connaitre ces principes nous harmonise avec la marche des éléments et dès lors nous maitrisons par la même occasion. Ceci par la loi des lois je veux nommer celle de la liaison de cause à effet.

Mail : contact@mackauka.fr

Web : https://www.mackauka.fr

Téléphone : +33 6 61 19 14 22

Facebook et Instagram : #mackauka

Lightning Source UK Ltd.
Milton Keynes UK
UKHW020114220219

337759UK00010B/931/P